本书受国家自然科学基金项目(51668048)资助

快速公交服务水平量化分级研究

霍月英 李 锐 著

东南大学出版社
SOUTHEAST UNIVERSITY PRESS
·南京·

内 容 提 要

公交服务水平量化分级是指导公交规划设计、评价公交运营状况的重要依据,能够从根源上提升公交服务水平。在我国,目前缺乏关于公交服务水平量化分级这一问题的专门研究,尚缺乏一套系统科学的公交服务水平分级。本书对快速公交的服务水平量化分级问题展开研究。全书共包括7章:第1章介绍了研究背景及意义、国内外研究概况;第2章介绍了自主开发的公交乘客出行调查系统及所开展的快速公交乘客出行调查;第3章阐述了基于乘客感知的快速公交服务水平等级数目研究;第4章阐述了快速公交服务水平模糊分级方法;第5章阐述了快速公交专用道服务水平分级;第6章阐述了基于乘客感知的站立乘客面积;第7章总结了研究成果及创新点。

图书在版编目(CIP)数据

快速公交服务水平量化分级研究/霍月英,李锐著.
南京:东南大学出版社,2021.8
 ISBN 978-7-5641-9605-9

 Ⅰ.①快… Ⅱ.①霍… ②李… Ⅲ.①城市交通-公共交通系统-经济效果-研究 Ⅳ.①U491.1

中国版本图书馆 CIP 数据核字(2021)第 144473 号

快速公交服务水平量化分级研究
Kuaisu Gongjiao Fuwu Shuiping Lianghua Fenji Yanjiu

著　　者	霍月英　李　锐
出版发行	东南大学出版社
社　　址	南京市四牌楼2号　邮编:210096
出 版 人	江建中
责任编辑	丁　丁
编辑邮箱	d.d.00@163.com
网　　址	http://www.seupress.com
电子邮箱	press@seupress.com
经　　销	全国各地新华书店
印　　刷	江苏凤凰数码印务有限公司
版　　次	2021年8月第1版
印　　次	2021年8月第1次印刷
开　　本	787 mm×1092 mm　1/16
印　　张	7.5
字　　数	146千
书　　号	ISBN 978-7-5641-9605-9
定　　价	68.00元

本社图书若有印装质量问题,请直接与营销部联系。电话(传真):025-83791830

前 言/PREFACE

近年来,随着我国经济的高速发展和城市化进程的加快,机动车保有量迅猛增长,交通拥堵、交通事故、交通污染等交通问题日益严峻,严重影响了人民群众的正常生活和城市的健康发展。公共交通作为一种承载能力大、运送效率高、环境污染小、运输成本低的交通方式,被各国政府作为缓解交通问题,提升人民生活品质,实施国家节能减排战略,建设资源节约型、环境友好型社会的重要举措而优先发展。

优先发展公共交通归根结底要落实到提高公交的服务水平。公交服务水平不仅反映了城市的出行条件,而且反映了城市的社会风气和精神文明建设水平。公交服务水平是影响居民出行方式选择和公交分担率的重要因素。然而,我国城市公交的服务水平仍较为低下,公交在与私人小汽车交通的竞争中处于劣势。能否大力提升公交服务水平是关系到公交优先国策能否落实的关键任务。

服务水平分级是基于特定的分级指标将交通设施或公共交通的服务水平划分为若干等级的方法,包括评价指标、等级数目、分级临界值。公交服务水平量化分级是指导公交规划设计、评价公交运营状况的重要依据,能够从根源上提升公交服务水平。目前我国没有对公交服务水平量化分级这一问题进行专门研究,尚缺乏一套系统的公交服务水平量化分级,如何从乘客视角建立公交服务水平量化分级、如何确定服务水平等级数目、如何界定分级临界值等均没有专门的探讨。

快速公交(Bus Rapid Transit,简称 BRT)是一种综合了常规公交与轨道交通优点的新型中运量公共交通,已成为国际上大、中、小城市为治堵治污而大力推广的一种公交模式,我国政府也一直并将继续大力支持快速公交的发展。因此,本书在多样化的公交类型中选取快速公交作为研究对象。

霍月英、李锐著的《快速公交服务水平量化分级研究》依托国家自然科学基金项目"基于乘客感知的快速公交(BRT)服务水平量化分级研究(51668048)"对服务水平等级数目研究方法、符合乘客感知需求的快速公交服务水平等级数目、分级临界值研究方法、快速公交分级临界值的界定及服务水平分级的建立进行研究。

第1章阐述了研究背景及意义,分析了国内外研究概况,明确了研究目标和研究内容,提出了研究方法。第2章介绍了自主开发的公交乘客出行调查系统,阐述了快速公交乘客出行调查的调查过程、调查方法及样本特性。第3章给出了乘客感知的定义,通过分析乘客感知特性提出了服务水平等级数目研究方法,基于快速公交乘客出行调查所获数据,探明了符合乘客感知需求的快速公交服务水平等级数目。第4章提出了服务水平模糊分级的概念,基于模糊C均值聚类方法提出了服务水平模糊分级构建方法,基于快速公交乘客出行调查所获数据,采用所提出的模糊分级方法界定了评价指标的分级临界值,建立了快速公交到站时间、等车时间、公交车速度的服务水平模糊分级。第5章通过分析因子评点法的原理,提出了改进因子评点法,定义了单位公交专用道延误,并以其作为评价指标,采用改进因子评点法界定延误的分级临界值,建立了快速公交专用道延误的服务水平分级。第6章以乘客满意度表征乘客感知,采用有序Logistic回归建立了乘客满意度与站立乘客面积的模型,通过对所建模型的分析提出了临界站立乘客面积的建议值。第7章总结了本书的主要研究成果,分析了本书的创新点。

本书编写分工如下:

第1章:霍月英(内蒙古大学)

第2章:霍月英(内蒙古大学)

第3章:霍月英(内蒙古大学)

第4章:霍月英(内蒙古大学)

第5章:霍月英(内蒙古大学)、李锐(河海大学)

第6章:霍月英(内蒙古大学)、李锐(河海大学)

第7章:霍月英(内蒙古大学)

本书在内容组织方面,内蒙古大学陈国庆教授、东南大学李文权教授给予了大力的支持和细心的指导,在此表示衷心的感谢。本书的完成受到了东南大学陈峻教授、任刚教授、陈茜副教授、张健副教授、郭延永教授、长安大学徐志刚教授、华南理工大学刘建荣副教授的帮助,在此表示衷心的感谢。内蒙古大学交通运输2015级本科生邱智宣、白阳、郭建新、赵晴晴参与了本书的数据采集工作,在此表示衷心的感谢。本书得以出版还受到了内蒙古大学武钧教授、王征宇副教授、孙喜旺书记、李成兵教授、任建伟教授、朱援副研究员、李晓娟副教授、闫振英副教授、菅美英博士、郭晨博士、刘振宇副教授、张春梅副教授、曹宏美副教授、郭宇博士、杨晓芳博士、乔欣宇老师、冯晨曦老师、王亿颖老师等的支持,在此表示衷心的感谢。本书在写作过程中参考了国内外大量文献,在此谨向文献作者表示感谢。最后,特别感谢家人和孩子对笔者的支持,有了他们的支持和理解,笔者才能够投入精力和时间来完成本书的撰写。

由于笔者专业视野和学术水平有限,书中难免有错漏和不足之处,敬请读者批评指正。

霍月英
2020年12月于内蒙古大学

目 录/CONTENTS

第1章 绪 论	1

1.1 本书的研究背景 ………………………………………………… 3
1.2 服务水平研究现状分析 ………………………………………… 6
    1.2.1 公交服务水平量化分级的现状及分析 ……………………… 6
    1.2.2 其他交通设施服务水平量化分级的现状及分析 …………… 7
1.3 本书的内容安排和研究目标 …………………………………… 12
1.4 本书的研究方法 ………………………………………………… 14
1.5 本章小结 ………………………………………………………… 15

第2章 快速公交乘客出行调查	17

2.1 快速公交 ………………………………………………………… 19
2.2 公交乘客出行调查系统 ………………………………………… 21
2.3 快速公交乘客出行调查 ………………………………………… 24
2.4 本章小结 ………………………………………………………… 29

第3章 基于乘客感知的快速公交服务水平等级数目研究	31

3.1 引言 ……………………………………………………………… 33
3.2 乘客感知的定义 ………………………………………………… 35
3.3 服务水平等级数目研究方法 …………………………………… 36

3.4 服务水平等级数目分析 41
3.5 本章小结 45

第 4 章 快速公交服务水平模糊分级方法 47
4.1 引言 49
4.2 服务水平模糊分级方法 51
4.3 快速公交服务水平模糊分级 54
    4.3.1 评价指标及等级数目 54
    4.3.2 模糊分级 55
4.4 服务水平模糊分级的优势分析 59
4.5 本章小结 62

第 5 章 快速公交专用道服务水平分级研究 63
5.1 引言 65
5.2 因子评点法 66
5.3 改进的因子评点法 67
5.4 公交专用道服务水平分级 69
    5.4.1 评价指标选取 69
    5.4.2 延误样本 70
    5.4.3 公交专用道服务水平分级 72
5.5 本章小结 75

第 6 章 基于乘客感知的公交车站立乘客面积研究 77
6.1 引言 79
6.2 客流调查及问卷调查 82
6.3 有序 Logistic 回归 85
6.4 乘客满意度与站立乘客面积的模型 87

6.5 公交车临界站立乘客面积 …………………………………………… 89
6.6 本章小结 …………………………………………………………… 92

第7章 结 论 ……………………………………………………………… 93
7.1 主要结论 …………………………………………………………… 95
7.2 主要创新点 ………………………………………………………… 97

参考文献 ………………………………………………………………… 99

第 1 章/Chapter 1

〉〉〉绪　论

1.1 本书的研究背景

当前,我国城市化和机动化进程逐步加快,城市交通拥堵、交通污染日益严重,这成为制约城市可持续发展的主要瓶颈之一。我国政府把优先发展公共交通作为缓解城市交通拥堵的重要手段,也作为实施国家节能减排战略,建设资源节约型、环境友好型社会的一项基本国策。在国务院颁布的《国家中长期科学和技术发展规划纲要(2006—2020年)》交通专题中提出了2020年大城市公交出行率达50%以上的国家战略目标。然而,我国城市公交的服务水平仍较为低下,公交在与私人小汽车交通的竞争中处于劣势,目前绝大多数城市的公交出行率低于20%,与国家战略目标存在巨大差距。能否大幅度提升公交服务水平是关系到公交优先国策能否落实的关键任务。公交的服务对象为乘客,以乘客为中心是公交服务的宗旨。缺乏符合乘客需求的公交规划、设计、评价依据从而致使公交规划设计不能充分满足乘客期望、运营评价不能准确反映乘客感受是公交服务水平低下的重要原因之一。公交服务水平量化分级是指导公交规划设计、评价公交运营状况的重要依据[1]。从乘客视角建立的公交服务水平量化分级能够提供符合乘客需求的公交规划、设计、评价依据,能够从根源上提升公交服务水平。因此,从社会发展的现实需要来说,有必要从乘客视角对公交服务水平量化分级进行研究。

服务水平研究是交通领域的基本问题,尤其对于具有服务特性的公共交通来说。目前我国公交服务水平的研究集中于服务水平评价,包括评价指标体系和评价方法的研究;没有对公交服务水平量化分级这一问题进行专门研究。事实上,公交服务水平量化分级在公交规划、设计、评价层面均有重要应用,有助于引领高品质公交系统的建立[1]。美国对公交服务水平量化分级非常重视,美国多版《道路通行能力手册》(HCM)和《公共交通通行能力与服务质量手册》(TCQSM)中均提出了公交服务水平量化分级标准[1-4],但其不足之处是根据交通专家的经验而非科学方法提出分级标准。在我国,关于其他交通设施包括公路、城市道路、交叉口、行人设施、轨道交通车站等的服务水平量化分级研究已经受到了很大的重视,相关研究成果也较为丰富[5-12]。因此,从科学研究的发展趋势来看,适合我国交通环境的公交服务水平量化分级是一个值得探索的研究方向。

服务水平的概念首次正式出现于1965年版的HCM,当时被定义为"以特定性能指标描述公路及高速公路的运行状况"[13]。目前2010年版的HCM将服务水平定义为"从出行者视角对描述交通设施或交通服务运行状况的服务质量的定量化分级"[4]。从服务水平概念的演变可以看出:服务水平的概念已经从仅描述交通运行状况转变为还要反映出行者感知。近年来,国际顶级期刊发表的多篇文章也明确肯定了出行者感知在服务水平研究中的重要性[14-19],基于出行者感知研究交通设施的服务水平已成为研究热点。具体到公交领域,国内外均强调公交服务水平是从乘客视角感知的公交服务的总体状况,已经有学者基于乘客感知对公交服务质量评价、可靠性测度、公交车辆调度等进行了研究[20-22]。因此,通过剖析服务水平概念及权威研究观点,基于乘客感知研究公交服务水平量化分级是必然趋势。

快速公交(Bus Rapid Transit,简称BRT)是一种综合了常规公交与轨道交通优点的新型中运量公共交通,既保持了轨道交通的高效性和可靠性,又继承了常规公交的灵活性和低成本,已成为国际上大、中、小城市为治堵治污而大力推广的一种公交模式。我国政府也一直并将继续大力支持快速公交的发展,自从2005年首个快速公交建成以来,截止到2015年底我国已有21个城市开通了快速公交[23],还有更多城市的快速公交正在规划或建设之中,以内蒙古为例,其城市公共交通"十三五"规划中提出在呼和浩特市、包头市、鄂尔多斯市、赤峰市、通辽市等城市建设快速公交。在学术界,快速公交的相关问题如规划设计、通行能力、服务水平评价、组织调度、与土地利用的关系、对居民出行行为和污染物排放产生的影响等一直是国内外的研究热点。因此,鉴于工程界的大力建设和学术界的深入研究,本书在多样化的公交类型中选取快速公交作为研究对象。

综上所述,本书将基于乘客感知对快速公交的服务水平量化分级问题进行研究,该问题是从社会发展的现实需要和科学研究的发展趋势中提炼出来的科学问题。本书的研究成果为公交领域的服务水平量化分级研究奠定理论基础,具有重要的学术价值,也为快速公交的规划、设计、评价提供指导工具,对于提高公交出行率、缓解交通拥堵、降低交通污染、建设低碳城市具有深远的社会意义。

1.2 服务水平研究现状分析

1.2.1 公交服务水平量化分级的现状及分析

美国《公共交通通行能力与服务质量手册》(TCQSM)是公交领域较为权威的手册,于 2013 年出版了第三版[2]。TCQSM2013 根据交通专家的经验与判断提出了服务频率、服务时间、站点覆盖率、载客度、可靠性、公交与小汽车出行时间差的服务水平量化分级标准。该手册放弃了以往将服务水平分为 6 级(A—F)的做法,而是根据指标的实际情况选用合适的等级数,如将服务频率划分为 7 级、站点覆盖率减为 5 级。

美国《城市道路多模式服务水平分析》(*NCHRP Report* 616: *Multimodal Level of Service Analysis for Urban Streets*)涉及了公交服务水平量化分级[24]。该报告关注的是城市道路中小汽车、公交、自行车、步行这四种出行方式的服务水平及它们之间的相互作用。该报告以服务水平得分(LOS Score)为指标建立了四种模式共用的 6 级(A—F)服务水平分级标准,具体做法为:首先分析四类出行者服务水平得分数据的分布(A—F 的百分率),然后通过分析平均数与众数拟定三种分级方案,最后通过比较每种方案对分布的拟合情况确定出最终的分级方案。该报告还分别建立了四种模式的服务水平得分模型,公交模型中包括的因素有服务频率、出行时间、载客度、可靠性(额外等车时间率)、站点设施水平(站点有无遮挡物、座椅等)、行人服务水平。该报告的研究成果已经被 HCM2010 作为城市道路中公交模式的服务水平量化分级标准。

Das 和 Pandit 是笔者目前在 Web of Science、EI、Elsevier 等数据库中搜到的对公交服务水平量化分级进行研究的学者[25-26]。他们质疑了 TCQSM 根据专家经验判断来确定公交服务水平量化分级的合理性,他们考虑乘客感知,并采用 Law of Successive Interval Scaling(连续区间标度法)方法研究了印度公交的服务水平量化分级,建立了步行到站距离、等车时间、载客度、换乘次数、准点率、行程时间延误、服务时间等指标的服务水平量化分级。他们的研究对本项目的启发有:应该基于乘客感知研究公交的服务水平量化分级问题;不同国家的乘客感知差异很大,因此,服务水平量化分级不可通用,而应该分别研究。

我国对公交服务水平评价进行了大量且有价值的研究,但对公交服务水平量化分级的研究却并不多。魏华、高桂凤等以服务频率、出行时间、运行速度等12个指标作为公交服务水平的评价指标,在参考陆化普等编写的《城市交通管理评价体系》和《城市道路交通规划设计规范》(GB 50220-95)的基础上,通过定性分析提出了评价指标的量化分级[27-28]。魏华提出的量化分级受到国内学者的认可,张长春等应用这一分级评价了石家庄公交线路的服务水平[29],陈柳将这一分级作为其学位论文中评价公交服务水平的准则[30]。黄婷等结合TCQSM2003、魏华提出的量化分级,建立了公交站点、线路、系统等层面多个指标的量化分级[31]。王田田通过参考HCM2000和TCQSM2003,并结合适当的定性分析,建立了服务频率、候车时间、站台排队区舒适度等指标的量化分级[32]。笔者以延误作为分级指标,根据大量的实测延误数据,采用多种聚类方法建立了公交专用道和快速公交的服务水平量化分级[33-34]。

通过上述文献分析可见:目前国内外对于公交服务水平量化分级的研究还不深入,我国尚缺乏关于这一问题的专门探讨,只是在研究公交服务质量及可靠性评价方面略有涉及;Das和Pandit对公交服务水平量化分级问题的探索说明乘客感知依赖于乘客的社会经济特性而可能存在差异,基于乘客感知研究公交服务水平量化分级时有必要先甄别乘客感知有显著差异的群体。

1.2.2 其他交通设施服务水平量化分级的现状及分析

国内外对高速公路、城市道路、交叉口等其他交通设施的服务水平量化分级进行了丰富的研究,这些研究对本书有很大的指导意义,故在此以启发本书研究为视角对其研究趋势和方法进行评述。服务水平量化分级是基于特定的分级指标将交通设施服务水平划分为若干等级的方法,包括分级指标、等级数目、分级临界值三方面,下面分别对这三方面的研究趋势或研究方法进行阐述。

1) 分级指标的研究现状

国外分级指标研究中与本项目相关的一个争议是应该使用单一指标还是多个指标作为服务水平的分级指标。美国《道路通行能力手册》(HCM)是服务水平量化分级方面较为权威的手册,该手册通常以单一指标作为设施的服务水平分级指标[3-4]。在该手册的引导下,国外很多学者采用单一指标作为服务水平的分级指标[35-40]。但同时有很多学者质疑单一指标的做法,提出应当使用多个指标作为分级指标[14-15, 18]。基于出行者感知研究交通设施服务水平已成为研究热点,多指标观点其实与此相伴而出现,因为出行者感知是一种复杂的心理状态,受很多因素的影响,需要用多个指标才可能客观全面地反映。在我国的服务水平量化分级研究中,历来就不同于HCM的单指标方式,通常以多个指标作为分级指标[5, 7-9]。

2) 等级数目的研究现状

国外在将服务水平划分为几个等级这一问题上主要沿用HCM的做法,只有少量的理论研究。HCM1965引入服务水平概念时将其划分为6级(A—F),其中A代表最好,F代表最差,历版HCM均沿用6级的服务水平数目。很多学者便按照HCM的做法将服务水平划分为6级[35-40]。有些学者通过理论研究而提出了不同的观点,Cameron、Maitra等、Brilon建议将6级扩展为9级或者更多以更好地描述交通状况[41-43]。随着出行者感知在服务水平研究中重要性的突显,一些学者便对出行者能够感知多少级服务水平产生了兴趣,Pécheux等采用聚类分析研究信号交叉口服务水平感知时发现出行者一般能够感知3级或者4级不同的服务水平[44],Fang和Pécheux采用模糊聚类再次研究这一问题时发现出行者能够区分6级服务水平,但新6级的临界值划分不同于 HCM[45]。在我国的服务水平量化分级研究中,尚没有对服务水平等级数目进行理论探讨,习惯沿用既有研究的等级数目。有的学者按照 HCM 将服务水平定为 6 级[6, 8-9];交通工程学教科书中将高速公路的服务水平分为 4 级(一级至四级),有的学者便据此将服务水平划分为 4 级[5, 7];有的则通过定性分析将服务水平划分为 5 级[46]。

3) 分级临界值的研究现状

分级临界值研究是服务水平量化分级研究中的重点,目前主要有三类研究方法。

第一类研究方法是根据交通专家的经验与判断,或者在参考既有研究成果的基础上通过定性分析来确定分级临界值。HCM 各类交通设施的分级临界值是由美国道路通行能力与服务质量委员会(HCQS Committee)的交通专家共同商议、判断而定[4]。在我国,一些学者通过参考 HCM 成果并结合我国具体的交通状况确定了服务水平的分级临界值。张亚平等通过分析延误与流量的关系并结合 HCM2000 确定了双车道公路的分级临界值,根据理想条件下交通流各参数的关系及 HCM2000 确定了高速公路、一级公路的分级临界值[5]。吴娇蓉等根据 HCM2000 的行人服务水平分级,根据客流的行为特征及空间聚集效应给出了大型活动场馆参观人流的分级临界值[6]。徐林等通过定性分析给出了北京市快速路和主次干道的分级临界值[7]。李庆印和孙锋根据 VISSIM 仿真数据并通过参考 HCM2000 确定了环形交叉口的分级临界值[9]。

第二类研究方法是采用特定理论方法对分级指标的数据进行分析从而确定分级指标的各级服务水平临界值,采用的理论方法主要有聚类分析、概率统计标准差理论、自组织神经网络、半定量方法、模糊集理论等。第二类方法仅依赖分级指标数据所体现的交通条件来划分服务水平,是一种没有考虑出行者感受的客观的分级方法。Bhuyan 课题组近年来基于 GPS 采集的速度数据采用不同的聚类技术研究了印度城市道路的服务水平量化分级。

Bhuyan 和 Rao 以速度作为区分城市道路类型和划分各类道路服务水平等级的指标,采用模糊 C 均值聚类对自由流速度分析后将城市道路分为 4 类,对实测行程速度分析后提出了 4 类道路的 6 级服务水平临界值[35];该课题组不断更新聚类方法,并按照相同的思路和数据对此问题进行研究,Mohapatra 等采用遗传算法和模糊 C 均值聚类提出了 4 类城市道路的分级临界值[36],Das 和 Bhuyan 采用 Clustering Large Application(大型应用中的聚类算法)确定了分级临界值[38],Bhuyan 和 Mohapatra 再次更新聚类技术,采用 Affinity propagation clustering(AP 聚类算法)研究了印度城市道路的服务水平分级临界值[39]。在我国,目前主要采用第二类方法研究其他交通设施的服务水平量化分级。董晓婷采用半监督聚类算法研究了北京市快速路速度、时间占有率和流率的分级临界值[8]。北京工业大学孙小端课题组的钟连德等借鉴概率统计中置信区间的概念,根据事故率均值和 1 倍标准差划分了高速公路的安全服务水平等级[47];孙明玲等用此方法研究了公路无信号交叉口的安全服务水平分级临界值[48];张杰等以事故率均值为标准、1.5 倍标准差(0.5 倍标准差)为偏离量建立了平原高速公路(山区高速公路)的安全服务水平量化分级[49]。李明星采用与孙小端课题组类似的方法研究了高速公路安全服务水平,将事故率均值左右 3 倍标准差范围内的区间划分为 5 级服务水平[50]。李梅根据事故率、受伤率、死亡率等数据,应用概率分布理论、自组织神经网络确定了高速公路安全服务水平的分级临界值[51]。王久亮结合微积分知识通过分析交通流三参数的关系给出了轨道交通车站设施的服务水平分级临界值[10]。刘江通过分析加速度干扰和饱和度的关系提出了双车道公路的服务水平临界值[52]。钱大琳等采用半定量方法研究了高度混合交通环境下行人服务水平量化分级的构建方法[53]。

  第三类研究方法是考虑出行者感知,采用统计方法对出行者感知与分级指标的关系进行分析从而确定分级指标的各级服务水平临界值。这类方法依赖出行者对交通状况的感知来划分服务水平,是一种使出行者感知与交通运行条件具有一致性表达的主客观相结合的方法。Choocharukul 等、

Washburn 和 Kirschner 通过视频实验获得了高速公路不同道路交通条件下的出行者感知数据,采用有序概率模型对出行者感知与密度的关系进行统计分析,然后根据统计结果确定了密度的各级服务水平临界值[14-15]。Obelheiro 等借助 VISSIM 仿真和互联网收集用户感知数据,运用非线性多元回归建立了用户感知与排队长度、大车比例的模型,然后通过对模型的分析确定了排队长度的各级服务水平临界值[54]。Zhang 和 Prevedouros 采用模糊理论研究了信号交叉口的用户感知服务水平,提出了左转信号、路面标线质量、延误等的服务水平量化分级[16]。曹守华等基于乘客感知研究了城市轨道交通站内通道的服务水平量化分级,首先让乘客根据其感受将不同拥挤度的照片归类到 A—E 各级服务水平,然后分析隶属于每一等级的所有照片的乘客人均空间,从而来确定各级服务水平的人均空间临界值[46]。李洪旭、王伟涛采用与曹守华等相同的方法研究了轨道交通车站通道、楼梯的人均空间、密度和流量的分级临界值[11-12]。陈亦新等采用聚类分析、因子分析和相关分析等方法,以北京市 35 条人行步道数据为样本建立了基于行人对步道评分的服务水平量化分级[55]。

4)其他交通设施研究现状对本书研究的启发

通过上述对其他交通设施服务水平量化分级研究趋势及方法的分析,对本书研究有以下启发:①国内外已经有学者基于出行者感知研究了其他交通设施的服务水平量化分级(即分级临界值的第三类研究方法),本书基于乘客感知研究快速公交的服务水平量化分级符合研究趋势;②应该使用多个指标作为服务水平的分级指标,这样方可全面地反映乘客对交通状况的感知;③应该把乘客能够感知多少级服务水平作为服务水平的等级数目,同时本书应该对此问题进行深刻的理论探讨;④应该采用能在一个模型中将乘客感知与体现交通运行条件的分级指标联系起来的理论方法研究服务水平的分级临界值。

1.3　本书的内容安排和研究目标

快速公交服务水平量化分级是基于特定的分级指标将快速公交服务水平划分为若干等级的方法,包括评价指标、等级数目、分级临界值。基于乘客感知研究快速公交的服务水平量化分级,即基于乘客感知分别对评价指标、等级数目、分级临界值进行研究。基于乘客感知的评价指标包括步行到站时间、等车时间、公交车运行速度、延误、站立乘客面积等。本书将探讨如何基于乘客感知研究服务水平等级数目问题,将探索符合乘客感知需求的快速公交服务水平等级数目。本书将从服务水平模糊分级方法和对现有方法的改进方面探讨分级临界值的研究方法,将探索快速公交分级临界值的确定以建立快速公交服务水平分级。同时为了获得研究所需的实时的乘客出行数据,将开发公交乘客出行调查系统。因此,本书的研究内容包括以下方面:

(1) 快速公交服务水平等级数目研究

目前国内外主要沿用 HCM 提出的 6 级服务水平,尚缺乏深入的理论探讨,现基于乘客感知对服务水平等级数目问题进行理论探讨,以揭示符合乘客感知需求的服务水平等级数目。首先在乘客能直观感知的出行因素中,分析最能体现乘客感知的因素;然后考虑乘客感知的主观性和不确定性,采用模糊 C 均值聚类方法(Fuzzy C-Means clustering,FCM)对乘客感知进行不同等级数目(2~10)的聚类分析;然后借助聚类有效性分析的思想对不同等级数目的聚类效果进行评价,从而确定出乘客能够感知的最佳服务水平等级数目。

(2) 快速公交服务水平模糊分级方法研究

目前 HCM、TCQSM 以及国内外相关文献所建立的服务水平分级均为硬分级。硬分级存在一个显著问题是:有的评价指标的微小的变化可能引起服务水平等级的改变,而有的评价指标的较大的变化可能却不会引起服务水平等级的改变。为了克服硬分级的这一缺点,本书试图寻求构建服水平模糊分级的方法。首先采用模糊聚类方法、借助隶属度概念,探索服务水平模糊分级的构建方法;然后选取到站时间、等车时间、公交车速度作为服务水平评价指标,采用提出的模糊分级方法建立快速公交服务水平模糊分级。

(3) 快速公交专用道服务水平分级研究

公交专用道是快速公交的重要基础设施,本书对公交专用道的服务水平分级展开研究。首先通过引入因子评点法及分析其原理,试图提出改进因子评点,拓展服务水平分级的理论方法;然后通过分析我国快速公交服务的关键方面,选取延误作为专用道服务水平评价指标;为了提供统一的专用道服务水平评价标准,提出单位公交专用道延误的概念;然后采用改进因子评点法构建公交专用道的服务水平分级。

(4) 基于乘客感知的公交车站立乘客面积研究

站立乘客面积是反映公交车内拥挤程度、影响乘客感知的关键指标。乘客满意度是乘客感知的重要量化指标。为了量化乘客感知与站立乘客面积的关系,以乘客满意度表征乘客感知。随着站立乘客面积的增加,乘客对于乘车经历的感受逐渐由不满意转变为满意,将使乘客感受由不满意转变为满意的站立乘客面积的临界值定义为临界站立乘客面积。本书对临界站立乘客面积进行研究,首先采用有序 Logistic 回归建立乘客满意度与站立乘客面积的模型;然后通过对所建模型的分析,试图提出临界站立乘客面积(即保证乘客满意的最小站立乘客面积)的建议值。

通过对以上内容的研究,达到本书的研究目标:

(1) 理论层面:针对国内外对公交服务水平量化分级研究不够深入的现实,旨在探明公交领域服务水平量化分级研究的理论框架,建立一套系统的研究公交(包括常规公交和快速公交)服务水平量化分级的方法论。

(2) 应用层面:以到站时间、等车时间、公交车运行速度、延误、站立乘客面积等作为服务水平评价指标,确定评价指标的分级临界值并建立快速公交服务水平分级,为快速公交的规划、设计、评价提供指导工具。

1.4 本书的研究方法

在广泛查阅及分析相关文献的基础上,采用理论分析法、实地调查法、统计分析法及计算机编程等方法开展快速公交服务水平量化分级研究。

(1) 理论分析法

运用模糊集理论、借助隶属度概念,基于模糊 C 均值聚类方法,从理论上推导服务水平模糊分级方法。

运用概率论知识,通过分析因子评点法的原理,从理论上推导改进的因子评点法。

(2) 实地调查法

为了获得研究所需数据,开发公交乘客出行调查系统,在广州、常州、宜昌、呼和浩特等地开展公交乘客出行调查、客流调查。

(3) 统计分析法

采用模糊 C 均值聚类方法将乘客感知划分为不同等级,进行服务水平等级数目研究。

利用有序 Logistic 回归分析,研究乘客满意度与站立乘客面积的模型。

(4) 计算机编程法

复杂的计算均采用 MATLAB 编程,如模糊聚类分析中聚类中心、隶属度矩阵的计算,聚类有效性指标的计算。采用 Java 语言开发公交乘客出行调查系统。

1.5 本章小结

本章首先阐述了研究背景及意义;然后系统深入地介绍了公交服务水平量化分级、其他交通设施服务水平量化分级的国内外研究现状,并着重分析了对本书研究的启发;在此基础上,明确了本书的研究目标、研究内容和研究方法。

第 2 章/Chapter 2

≫快速公交乘客出行调查

2.1 快速公交

快速公交(Bus Rapid Transit,简称 BRT)是目前世界上广泛推广,且成功应用的一种新型公共交通方式。它将轨道交通的高效性、可靠性与常规公交的灵活性、低成本结合起来,它的投资与运营成本比轨道交通低,运营效果比常规公交优良,是一种介于轨道交通与常规公交之间的交通方式。

不同的组织、国家对快速公交有不同的定义,现列举几种有代表性的定义。TCRP(Transit Cooperative Research Program)报告 90(TCRP 报告有很多,本书引用了编号 90 的报告,即"TCRP 报告 90")对它的定义是:快速公交是一种灵活的、橡胶轮胎式的快速公交,整合车站、车辆、服务、运行道路和智能交通元素为一个具有鲜明形象标识的综合系统[56]。美国联邦交通部 FTA(Federal Transit Administration)对它的定义是:快速公交是一种可提供轨道交通品质和公共汽车交通灵活性的快速交通方式[57]。《建设部关于优先发展城市公共交通的意见》(建城〔2004〕38 号)文对它的定义是:利用现代化大容量专用公共交通车辆,在专用的道路空间快速运行的公共交通方式,具有与轨道交通相同的运量大、快捷、安全等特性,而造价和运营成本相对低廉[58]。快速公交包括运行道路(Running Way)、停靠站(Station)、车辆(Vehicle)、收费(Fare Collection)、服务(Service)、线路结构(Route Structure)、运营计划(Operating Planning)、智能交通元素(ITS)[59]。

快速公交专用道主要包括中央式和边侧式两类。由于可保证高度的专有路权,中央式快速公交专用道在国内外得到广泛使用[58]。快速公交车往往采用大容量的、具有统一形象标识的改良型公交车。我国常用的快速公交车常为单铰接车,车长 18 m,4 个车门,载客量约 120~180 人。快速公交停靠站形式多样,典型的快速公交停靠站通常是全封闭的、出入口固定、登车口固定且为感应式,车外售票即乘客进入停靠站时付费,乘客水平登车。由于快速公交专用道多为中央式专用道,如果将停靠站设置在路段中间,就需要额外修建地下通道或天桥来保证乘客能够安全进出，如果设置在交叉口进出口道上，就可利用交叉口的行人过街设施来方便乘客进出。因此，快速公交停靠站通常设置在交叉口的进出口道上，即多为上游停靠站或下游停靠站。同样由于快速公交专用道多为中央式专用道及我国公交车为右侧开门，很难利用相邻的社会车道提供港湾式停靠站，因此我国的快速公交停靠站多为直线式停靠站。

2.2 公交乘客出行调查系统

智能手机由于其内置的 GPS、GPRS、WiFi、加速度传感器、距离传感器等数据可以实时采集并传送行为轨迹而成为新一代的交通数据获取工具。为了获取乘客出行数据，笔者开发了一个基于智能手机的公交乘客出行调查系统。

公交乘客出行调查系统包括数据采集模块、数据存储模块、数据查询模块、数据分析模块、通讯模块。数据采集模块采用安卓手机APP（如图2.1所示），用于采集公交乘客的出行数据；数据存储模块为后台服务器，用于接收、存储数据采集模块实时传送的公交乘客出行数据；数据查询模块为PC端，用于从数据存储模块中实时提取必要的公交乘客出行数据，并进行数据的报表输出；数据分析模块为PC端，用于计算到站时间、等车时间、乘车时间、公交车运行速度、换乘时间、换乘乘车时间、换乘公交车运行速度，并将这些传送给数据查询模块；通讯模块用于数据采集模块和数据存储模块之间、数据存储模块和数据查询模块之间、数据查询模块和数据分析模块之间的数据传输。

数据采集模块采集的数据包括乘客个人属性（性别、年龄、学历、职业、收入、所在城市），乘客出行信息（出发经纬度、出发时刻、到站经纬度、到站时刻、公交线路、上车经纬度、上车时刻、下车经纬度、下车时刻、换乘到站经纬度、换乘到站时刻、换乘公交线路、换乘上车经纬度、换乘上车时刻、换乘下车经纬度、换乘下车时刻，如果乘客有换乘，则包含后7项），乘客感知（到站时间感知、等车时间感知、公交车运行速度感知，如果乘客有换乘，则再包括换乘时间感知，换乘公交车运行速度感知，最后，还有总体感知）。

数据存储模块包括数据库服务器和Web服务器；数据库服务器采用SQL2005数据库，用于存储数据采集模块实时传送的公交乘客出行数据；

Web 服务器用于乘客出行数据的传输交互控制。

图 2.1　APP 的部分界面

数据查询模块提取的数据包括乘客个人属性（性别、年龄、学历、职业、收入、所在城市），乘客出行信息（出发时刻、到站时刻、到站时间、公交线路、上车时刻、等车时间、下车时刻、乘车时间、乘车距离、公交车运行速度、换乘到站时刻、换乘公交线路、换乘上车时刻、换乘时间、换乘下车时刻、换乘乘车时间、换乘乘车距离、换乘公交车运行速度，如果乘客有换乘，则包含后 8 项），乘客感知（到站时间感知、等车时间感知、公交车运行速度感知，如果乘客有换乘，则再包括换乘时间感知、换乘公交车运行速度感知，最后，还有总体感知）。

数据分析模块中,到站时间＝到站时刻 t_2－出发时刻 t_1;等车时间＝上车时刻 t_3－到站时刻 t_2;乘车时间＝下车时刻 t_4－上车时刻 t_3;公交车运行速度＝乘车距离/乘车时间,其中乘车距离的获取方法:借助第三方地图,通过上车经纬度、下车经纬度、公交线路获取;换乘时间＝换乘上车时刻 t_5－下车时刻 t_4;换乘乘车时间＝换乘下车时刻 t_6－换乘上车时刻 t_5;换乘公交车运行速度＝换乘乘车距离/换乘乘车时间,其中换乘乘车距离的获取方法:借助第三方地图,通过换乘上车经纬度、换乘下车经纬度、换乘公交线路获取(APP 中仅考虑乘客发生一次换乘)。

公交出行调查系统收集的数据包括乘客社会经济属性、出行时刻指标、出行时间指标、乘客感知指标以及其他出行信息。乘客社会经济属性包括性别、年龄、受教育程度、职业、收入、是否有私家车、主要出行方式、BRT 使用频率、居住城市。出行时刻指标包括乘客出发时刻、到站时刻、上车时刻、下车时刻、到达换乘站时刻、换乘上车时刻、换乘下车时刻、到达目的地时刻。出行时间指标包括乘客到站时间、等车时间、乘车时间、到达换乘站时间、换乘等车时间、换乘时间、离站时间。乘客感知指标包括感知到站时间、感知等车时间、公交车速度感知、车内拥挤度感知、感知换乘时间、感知离站时间、总体感知。其他出行信息包括出行目的、公交线路、乘车距离、公交车速度。

APP 开发时设计了检查方法以判别收集的数据是否有效。受访者出行过程中到达每个节点需要及时点击 APP 屏幕上对应的按钮,只有及时地点击了按钮,受访者的出行轨迹才能与百度地图匹配,然后通过调用百度地图提取受访者的上车站点及下车站点信息,进而计算乘车距离、公交车速度。因此,设计在 APP 的最后一个界面显示上车站点及下车站点信息的检查方法。即如果最后一个界面显示上车站点及下车站点,则说明受访者真实、正确地使用 APP,收集的数据有效;如果没有显示,说明受访者没有正确使用 APP,数据无效。出行完成后,受访者将 APP 最后一个界面截图,并将截图发送给调查员。调查员根据截图来判断收集的数据是否有效。

2.3 快速公交乘客出行调查

广州快速公交于 2010 年开通,日均客运量达 85 万人次。2011 年广州快速公交赢得"2011 年可持续交通奖"和联合国"2012 年应对气候变化灯塔项目",广州快速公交是亚洲境内最先被评为金牌级别的快速公交。常州快速公交于 2008 年开通,日均客运量超过 31 万人次,占公共交通运量的 30%。2010 年常州快速公交一号线荣获"第九届中国土木工程詹天佑奖",是获此殊荣的首个城市公共交通项目。宜昌快速公交于 2015 年开通,日均客运量超过 24 万人次,其中 20% 的运量从汽车和出租车方式转移而来。广州快速公交、常州快速公交、宜昌快速公交是我国具有代表性的快速公交系统,选取这三个快速公交系统开展乘客出行调查。

采用自主开发的公交出行调查系统开展快速公交乘客出行调查,调查流程包括招募受访者,受访者安装 APP 并注册,受访者在日常快速公交出行中使用 APP,对受访者进行数据收集。

招募受访者是调查中最关键、最困难的环节。调查员居住的城市和开展调查的城市是不同的城市,更增加了招募受访者的难度。调查员尝试通过调查公司、微信群、熟人介绍等方式招募受访者。调查公司收费偏高(一个样本收费 180 元),因此放弃了这种方式。调查员加入广州、常州、宜昌等地的微信群,在群里介绍调查情况,邀请群成员参与调查,但几乎没有征集到样本。调查员直接或者通过熟人介绍联系到居住在广州、常州、宜昌的人们,邀请他们参与调查,并请他们介绍熟人参与。调查组还联系了调查地的大学,邀请大学生参与调查。熟人介绍这种方式亦收获甚微。通过微信群或者熟人介绍联系到的调查地人员在日常出行中不一定乘坐快速公交是这两种方式难以招募到受访者的主要原因。为了接触到常坐快速公交的乘客,调查组尝试在公交站点、公交车内招募受访者。事实证明在公交站点面对面与乘客沟通是最直接、有效的招募受访者的方式。

开展站点招募之前,调查组制作了宣传海报和邀请信,调查目的、内容、方法、受访者报酬,APP二维码以及调查员联系信息等均印在海报和邀请信上。同时提前准备了APP安装、注册、操作的小视频。为了能够顺利进入公交站点或公交车内招募受访者,调查组提前与广州、常州、宜昌等地的快速公交运营公司进行沟通得到其准许。

开展站点招募时,调查组的四个调查员进入公交站点,随机寻找乘客一对一地交流。他们首先向乘客介绍调查目的、内容以及方法,然后邀请乘客参与调查。如果乘客愿意参与,调查员加乘客的微信,并鼓励乘客立即下载并安装APP(1—2 min可完成)。加微信是非常重要的一步,教乘客如何使用APP,发送APP二维码及报酬等后期和乘客的沟通都是通过微信。如果当公交车到达时乘客还没有安装APP,调查员通过微信发送APP二维码并引导其安装。一个调查员将一天招募到的所有受访者拉进一个微信群,通过微信群调查员提醒受访者在日常出行中使用APP,解决调查中遇到的共性问题。存在糟糕的情况是公交车到达时调查员还没有加上乘客的微信,此类事情经常发生,导致调查员进行了很多无效的乘客沟通。因此调查组试图在公交车上招募受访者。调查员乘坐快速公交,随机寻找乘客一对一地交流,邀请乘客参与调查。在公交车上有充足的时间与乘客交流沟通,但在公交车上来回移动寻找乘客交流非常疲惫,一般在找到2—3个受访者后调查员就没有精力继续寻找了。所以调查组放弃了在公交车上招募受访者。

选取广州快速公交的岗顶、师大暨大、石牌桥、棠下村四个站点(如图2.2a)开展受访者招募工作,四个调查员从2017年11月4日到11月6日连续工作3天,招募到65名受访者。选取常州快速公交的万福桥、怀德路延陵路、兰陵路人民路、轻工学院四个站点(如图2.2b)招募受访者,四个调查员从2017年11月26日到11月29日招募到100名受访者。选取宜昌快速公交的五一广场、宝塔河、绿萝路、刘家大堰四个站点(如图2.2c)招募受访者,从2018年1月16日到1月19日四个调查员招募到100名受访者。在广州快速公交、常州快速公交及宜昌快速公交总共招募到265名受访者。

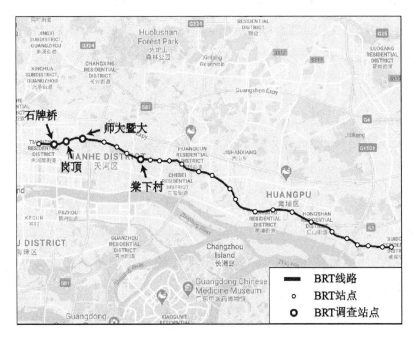

(a) 广州快速公交线路图

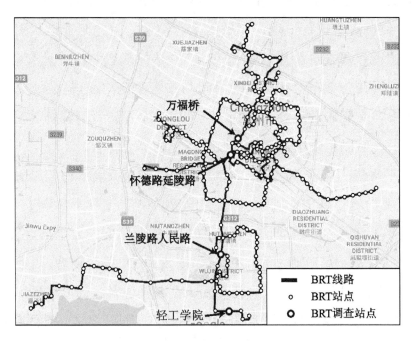

(b) 常州快速公交线路图

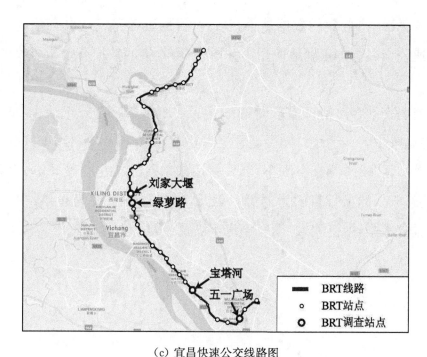

(c) 宜昌快速公交线路图

图 2.2　广州、常州、宜昌快速公交线路图

招募到受访者后,便可实施数据收集工作。受访者在日常乘坐快速公交出行时使用 APP(即参与调查),公交出行调查系统便可收集到数据。一个受访者在一次快速公交出行中真实、正确地使用 APP,公交出行调查系统便可收集到一条数据记录。数据收集工作在广州、常州、宜昌三个城市各持续实施一个月。在此期间,调查员会经常提醒并鼓励受访者在日常快速公交出行中使用 APP。

从受访者的角度,参与调查按照以下步骤进行:① 调查员邀请乘客参与快速公交出行调查,乘客接受邀请,成为受访者;② 受访者下载、安装 APP,并注册;③ 受访者试用 APP,以熟悉 APP 的操作;④ 受访者在日常乘坐快速公交出行中使用 APP 以参与调查。从起点出发前受访者打开 APP 并登录,在出行过程中的到站、上车、下车、到达目的地等各个节点按照 APP 的提示进行操作,到达目的地调查结束,退出 APP。不需要操作时可将 APP 置于后台;⑤ 快速公交出行完成后(即 APP 使用结束后),受访者将 APP 最后一个界面截图,将截图发送给调查员。调查员根据该界面判断受访者是否真实、正确地使用了APP(即收集的数据是否有效);⑥ 受访者完成一次有效调查(即在一次快速公交出行中正确地使用了APP使得收集的数据有效),可收到10元报酬。

快速公交乘客出行调查获得有效记录1 304条。有效记录中55%是男性,95%处于19—50岁,83%接受了中高等教育(专科和本科),65%的月收入低于5 000元,63%没有小汽车,98%常用的出行方式是公交,68%每天乘坐快速公交,67%的出行目的为通勤。因此,样本群体主要为青年、中年群体,中高等教育水平,中低收入,没有小汽车以及经常乘坐公交。

2.4 本章小结

本章介绍了快速公交的基本知识;开发了基于智能手机的公交乘客出行调查系统,介绍了该系统的组成及可收集的数据;采用所开发的调查系统在我国三个城市进行了快速公交乘客出行调查,介绍了调查过程、调查方法及样本特性。

第 3 章/Chapter 3

>>>基于乘客感知的快速公交
服务水平等级数目研究

3.1 引言

服务水平是交通领域的重要概念,其影响交通设施的规划、设计和运营,同时影响有限的资金资源在竞争的交通项目之间的分配[4,13]。2010年版的HCM将服务质量定义为"从出行者视角描述了的交通实施或服务的运营状况"[4]。2010年版的HCM对服务水平的定义为"对服务质量性能指标的一种量化分级"[4]。服务水平的定义说明服务水平需要反映出行者对交通设施或服务所提供的服务质量的感知。尽管服务水平的概念应反映出行者感知,但这一概念的执行包括服务水平等级数目的确定、评价指标的选取、分级临界值的确定均基于交通专家的判断[14-15]。

关于服务水平等级数目问题,HCM根据交通专家的判断定义了6个等级(A—F)[3-4]。一些研究者建议将服务水平等级数目定义为4、5,或者扩展为9或更多个等级[26,34,41-43]。服务水平等级数目问题在服务水平分级研究中被涉及。Das和Pandit研究了印度的公交服务水平分级,建立了延误、等车时间、准点率及服务时间的服务水平分级,考虑到受访者喜欢以五点尺度评价满意度,文中将服务水平定义为5级(A—E)[26]。Bhuyan课题组开展了深入的城市道路服务水平分级研究,建立了运行速度的服务水平分级,他们根据HCM将服务水平指定为6级,没有对服务水平等级数目问题进行讨论[35-39]。Choocharukul等研究了出行者对于高速公路服务水平的感知,建立了密度的6级服务水平分级,该研究集中于对所建密度分级与HCM的密度分级进行比较,没有对服务水平等级数目问题进行讨论[14]。Pécheux等、Fang等、Fang和Pecheux研究了信号交叉口的服务水平等级数目问题,根据HCM将等级数目指定为6,这些研究旨在从出行者感知的角度检验HCM划分的6级服务水平是否恰当,并没有关注如何获得最佳的等级数目[60-62]。所以,现有研究大多根据HCM将等级数目指定为6,重点在关注如何确定分级临界值,尚没有专门探讨服务水平等级数目问题。

因此,本章基于乘客感知研究快速公交的服务水平等级数目问题,旨在揭示符合乘客感知需求的服务水平等级数目(即乘客能够感知的最佳服务水平等级数目),并提出研究交通设施服务水平等级数目的方法论。

3.2 乘客感知的定义

乘客感知是指乘客从个人视角对于交通设施或服务的运营状况的感受。公交乘客出行过程包括到站（从出发点到公交站）、候车、乘车、离站（从公交站到目的地）四个阶段。在到站及离站阶段，乘客感知受乘客到站及离站时间、有无人行天桥或地下通道、人行道的宽度及隔离状况、人行道干净程度等的影响。在候车阶段，乘客感知受乘客等车时间、有无实时的公交车到站信息、有无座椅及遮挡物、公交站几何尺寸及干净程度等的影响。在乘车阶段，乘客感知受公交车速度、载客量、车内干净程度、座椅舒适性及驾驶员态度等的影响。在以上诸多因素中，有些因素如人行道、站台及公交车的干净程度，以及驾驶员态度难以量化，有些因素如有无人行天桥没有分级尺度。时间指标既可以量化又具有分级尺度，同时乘客对时间也非常敏感，各阶段花费时间的长短直接影响乘客对服务水平感知的好坏。因此，乘客对到站时间、等车时间、公交车速度、车内拥挤度、离站时间有直观的感知。同时，乘客对整个出行过程有一个总体感知。因此，将乘客感知定义为由感知到站时间、感知等车时间、公交车速度感知、车内拥挤度感知、感知离站时间、总体感知组成的6维指标。

感知到站时间是指乘客对于其从出发点到上车站点所花费时间的感知值。感知等车时间是指乘客对于其在公交站点所花费的等待时间的感知值。公交车速度感知是指乘客对于乘车阶段公交车运行速度的感知评分，以1分—10分表示，1分代表非常差，10分代表非常好。车内拥挤度感知是指乘客对于乘车阶段车内拥挤程度的感知评分，以1分—10分表示，1分代表非常差，10分代表非常好。感知离站时间是指乘客对于其从下车站到目的地所花费时间的感知值。总体感知是指乘客对于从出发点到目的地整个出行过程运营状况的感受评分，以1分—10分表示，1分代表非常差，10分代表非常好。

3.3 服务水平等级数目研究方法

聚类分析是一种无监督的数据挖掘方法,可发现隐藏在数据背后的潜在知识。聚类将一个有限的对象数据集划分为一定数目的类别,使得在同一类中的对象是同质的,在不同类中的对象是异质的[62]。服务水平量化分级本质上是一个分类问题[35],聚类分析这种数据挖掘技术适用于此类问题的研究。聚类分析有硬聚类和模糊聚类两种,硬聚类"非此即彼"地将对象划分到某一类,模糊聚类则利用模糊隶属度描述对象属于不同类别的不确定性程度。乘客感知具有主观性和不确定性的特点,模糊聚类正好可以挖掘乘客感知的这种特性,因此,采用模糊 C 均值聚类(Fuzzy C-Means Clustering,简称 FCM)研究服务水平的等级数目。由于 FCM 容易陷入局部最优,故采用模拟退火方法和遗传算法对其进行改善,称为基于模拟退火和遗传算法的模糊 C 均值聚类方法(SAGA-FCM)[63],SAGA-FCM 可以快速收敛到全局最优解,使得 FCM 更加有效。也将使用 SAGA-FCM 研究服务水平等级数目。

本章旨在揭示符合乘客感知需求的服务水平等级数目(即乘客能够感知的最佳服务水平等级数目),从聚类角度来说即是在寻找给定数据集的最优聚类数目。聚类分析中确定最佳聚类数目的问题(即聚类有效性分析)为此提供思路。聚类有效性分析即针对划分的不同类数,计算并分析有效性指标(Cluster Validity Indices,CVIs)从而确定最佳的聚类数目[64-65]。对乘客感知进行聚类有效性分析即可得到乘客能感知的最佳服务水平等级数目。选取以下指标进行聚类有效性分析:Calinski-Harabasz index(CH),Dunn's index(D),Partition Coefficient(PC),Partition Entropy(PE),Fukuyama-Sugeno index(FS),Xie-Beni index(XB),Pakhira-Bandyopadhyay index(PB)。

采用 2.3 节快速公交乘客出行调查收集到的乘客感知数据进行服务水平

等级数目的研究。研究方法为：①将服务水平等级数目取值范围拟定为 2～10；②采用 FCM 及 SAGA-FCM 将乘客感知数据分别划分为 2 级～10 级；③根据聚类结果（聚类中心和隶属度矩阵）及乘客感知数据计算不同等级数目下 7 个有效性指标的值；④对有效性指标值进行分析，确定乘客能够感知的最佳的服务水平等级数目。如图 3.1 所示。

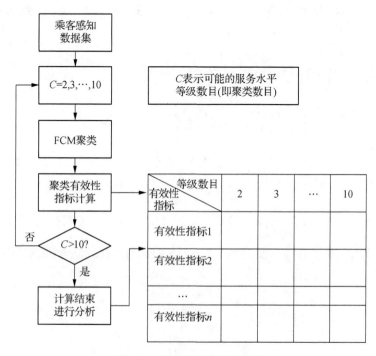

图 3.1　等级数目的研究方法

（1）模糊 C 均值聚类（FCM）

FCM 把 n 个数据点 $x_j(j=1,2,\cdots,n)$ 分为 C 个模糊类，并求每类的聚类中心，使得目标函数达到最小。FCM 的隶属矩阵 U 是一个 $C\times n$ 的二维矩阵，允许有值在[0,1]间的元素。不过，由于归一化规定，一个数据点的隶属度的和总等于 1[66]：

$$\sum_{i=1}^{C}\mu_{ij}=1,\ \forall j=1,2,\cdots,n \tag{3.1}$$

FCM 的目标函数是[67]：

$$J(\pmb{U},c_1,c_2,\cdots,c_C) = \sum_{i=1}^{C} J_i = \sum_{i=1}^{C}\sum_{j=1}^{n} \mu_{ij}^m d_{ij}^2 \qquad (3.2)$$

其中，μ_{ij} 介于 $[0,1]$ 之间；c_i 为模糊类 i 的聚类中心；$d_{ij}=||x_j-c_i||$，为第 i 个聚类中心与第 j 个数据点间的欧几里得距离；$m\in[1,\infty)$ 是一个加权指数。

构造如下新的目标函数，可求得使目标函数达到最小的必要条件[68]：

$$\begin{aligned}\bar{J}(\pmb{U},c_1,c_2,\cdots,c_C,\lambda_1,\lambda_2,\cdots,\lambda_n) &= \\ J(\pmb{U},c_1,c_2,\cdots,c_C) &+ \sum_{j=1}^{n}\lambda_j\left(\sum_{i=1}^{C}\mu_{ij}-1\right) \\ = \sum_{i=1}^{C}\sum_{j=1}^{n}\mu_{ij}^m d_{ij}^2 &+ \sum_{j=1}^{n}\lambda_j\left(\sum_{i=1}^{C}\mu_{ij}-1\right)\end{aligned} \qquad (3.3)$$

其中，$\lambda_j (j=1,2,\cdots,n)$ 是式(3.1)的 n 个约束式的拉格朗日乘子。

对所有输入参量求导，使得式(3.3)达到最小的必要条件为[69]：

$$c_i = \frac{\sum_{j=1}^{n}\mu_{ij}^m x_j}{\sum_{j=1}^{n}\mu_{ij}^m} \qquad (3.4)$$

和

$$u_{ij} = \frac{1}{\sum_{l=1}^{C}(d_{ij}/d_{lj})^{2/(m-1)}} \qquad (3.5)$$

FCM 按照下列步骤进行迭代，直到目标函数收敛，确定最终的聚类中心 c_i 和隶属矩阵 $\pmb{U}$[66-69]。然后依据隶属矩阵，按照模糊集合中的最大隶属原则确定每个数据点的归类。

步骤1：用值在 $[0,1]$ 间的随机数初始化隶属矩阵，使其满足式(3.1)中的约束条件；

步骤 2:用式(3.4)计算 C 个聚类中心;

步骤 3:根据式(3.2)计算目标函数,如果它小于事先给定的阈值,或相对上次迭代的目标函数值的改变量小于某个阈值,则算法停止;

步骤 4:用式(3.5)计算新的隶属矩阵,返回步骤 2。

(2) 基于模拟退火和遗传算法的模糊 C 均值聚类方法(SAGA-FCM)

由于 FCM 容易陷入局部最优,故采用模拟退火方法和遗传算法对其进行改善,称为基于模拟退火和遗传算法的模糊 C 均值聚类方法(SAGA-FCM),SAGA-FCM 可以快速收敛到全局最优解,使得 FCM 更加有效。SAGA-FCM 的基本步骤为[63,70]:

步骤 1:初始化控制参数、种群规模 $sizepop$、最大进化代数 $MAXGEN$、交叉概率 P_c、变异概率 P_m、退火初始温度 T_0、退火终止温度 T_{end} 和冷却系数 q。

步骤 2:初始化 c 个聚类中心,生成初始种群 $Chrom$,计算每个个体样本对于各聚类中心的隶属度,计算每个样本的适应度值 $f_i(i=1,2,\cdots,sizepop)$。

步骤 3:设置循环变量 $gen=0$。

步骤 4:对种群进行选择、交叉和变异等遗传操作。分别对新个体计算各样本的隶属度、聚类中心和每个个体的适应度值 f'_i。选择随机遍历抽样作为选择算子,交叉算子是单点交叉算子,并以随机方式选出变异基因。若 $f'_i > f_i$,则接受并以新个体代替旧个体;否则,以概率 $P=\exp[(f'_i-f_i)T]$ 接受新个体。

步骤 5:若 $gen < MAXGEN$,则 $gen=gen+1$,转至步骤 4;否则转至步骤 6。

步骤 6:若 $T_i < T_{end}$,则算法成功,终止并返回全局最优解;否则,执行降温操作 $T_{i+1}=qT_i$,转至步骤 3。

(3) 聚类有效性指标

选取聚类有效性指标 CH、D、PC、PE、FS、XB、PB 来确定最佳的服务水平等级数目,各指标的介绍如表 3.1 所示。

表 3.1 聚类有效性指标的定义[71-73]

指标	简称	定义	最优值
Calinski-Harabasz index	CH	$\dfrac{SS_B}{SS_W} \times \dfrac{n-c}{c-1}$ $SS_B = \sum_{i=1}^{c} n_i \parallel v_i - \bar{X} \parallel^2$ $SS_W = \sum_{i=1}^{c} \sum_{x \in C_i} \parallel x - v_i \parallel^2$ $\bar{X} = \dfrac{1}{n} \sum_{j=1}^{n} x_j$	最大化
Dunn's index	D	$\dfrac{\min_{i=1}^{c} \min_{j=i+1}^{c} d(C_i, C_j)}{\max_{k=1}^{c} diam(C_k)}$ $d(C_i, C_j) = \min_{x \in C_i, y \in C_j} \parallel x - y \parallel^2$ $diam(C_k) = \max_{x, y \in C_k} \parallel x - y \parallel^2$	最大化
Partition Coefficient	PC	$\dfrac{1}{n} \sum_{i=1}^{c} \sum_{j=1}^{n} \mu_{ij}{}^m$	最大化
Partition Entropy	PE	$-\dfrac{1}{n} \sum_{i=1}^{c} \sum_{j=1}^{n} [\mu_{ij} \log_a (\mu_{ij})]$	最小化
Fukuyama-Sugeno index	FS	$\sum_{i=1}^{c} \sum_{j=1}^{n} \mu_{ij}^m \parallel x_j - v_i \parallel^2 - \sum_{i=1}^{c} \sum_{j=1}^{n} \mu_{ij}^m \parallel v_i - \bar{v} \parallel^2$	最小化
Xie-Beni index	XB	$\dfrac{\sum_{i=1}^{c} \sum_{j=1}^{n} \mu_{ij}{}^m \parallel x_j - v_i \parallel^2}{n \min_{i \neq k} \parallel v_i - v_k \parallel^2}$	最小化
Pakhira-Bandyopadhyay index	PB	$\dfrac{1}{\left(\dfrac{1}{c} \dfrac{E_1}{J} D\right)^2}$ $E_1 = \sum_{j=1}^{n} \parallel x_j - v \parallel$ $J = \sum_{j=1}^{n} \sum_{i=1}^{c} \mu_{ij}{}^m \parallel x_j - v_i \parallel^2$ $D = \max_{i,j=1}^{c} \parallel v_i - v_j \parallel$	最小化

x_j 代表第 j 个 d 维数据点，n 代表数据点的数量，v_i 代表第 i 个 d 维的聚类中心，c 代表聚类数目，$V = (v_1, v_2, \cdots, v_c)$ 为聚类中心，μ_{ij} 是指数据点 x_j 对于聚类 i 的隶属度，m 是模糊指数，C_i 是指第 i 类，v 是指数据集的中心。

3.4　服务水平等级数目分析

笔者编写了两个 MATLAB 程序，一个程序执行 FCM 将乘客感知划分为 2—10 类并计算每类的 7 个有效值指标值，一个程序执行 SAGA-FCM 并计算每类的有效性指标值。两个程序的输出包括不同聚类数目的有效性指标值、隶属度矩阵、聚类中心。

在聚类有效性指标中，CH、D、PC 的值越大则聚类效果越好，即最优类数通过求解 CH、D、PC 的最大值获得；PE、FS、XB、PB 的值越小则聚类效果越好，即最优类数通过求解 PE、FS、XB、PB 的最小值获得。因此将 CH、D、PC 转化为 $1/CH$、$1/D$、$1/PC$。7 个有效性指标值的范围差别很大，因此将它们进行标准化，即 $CVI_{si} = \dfrac{CVI_i - CVI_i^{\min}}{CVI_i^{\max} - CVI_i^{\min}}$，$CVI_{si}$ 代表第 i 个标准化的聚类有效性指标。

采用 FCM 将乘客感知划分为 2—10 类并计算聚类有效性指标值，结果如图 3.2 所示。随着服务水平等级数目从 2 增加到 10，$1/CH$ 呈现波动下降的趋势，当等级数目为 8 时，$1/CH$ 达到它的最小值，可见根据 CH 乘客感知的最优聚类数目为 8，即基于 CH 乘客能够感知的最佳服务水平等级数目为 8。随着等级数目的增加 $1/D$ 呈现下降趋势，当等级数目为 5 和 6 时 $1/D$ 的值最小，因此根据 D 乘客能够感知 5 或 6 个服务水平等级，最佳的服务水平等级数目应为 5 或 6。随着等级数目的增加 $1/PC$ 和 PE 逐渐增加，当等级数目为 2 时 $1/PC$ 和 PE 的值最小，因此根据 PC 和 PE，乘客可以区分 2 个等级，最佳的服务水平等级数目应为 2。随着等级数目的增加 FS 呈现波动的趋势，当等级数目为 6 或 10 时 FS 值最小，因此根据 FS 服务水平应划分为 6 级或 10 级。随着等级数目的增加 XB 呈现了先缓慢增加后急速增加的特性，当乘客感知被划分为 2 类时 XB 达到它的最小值，因此根据 XB 乘客能够感知的最佳等级数目为 2。当等级数目为 2—6 时 PB 缓慢地增加，当等级数目为

6—10时 PB 快速地增加,在等级数目为2、3或4时 PB 达到它的最小值,因此根据 PB 最佳的服务水平等级数目应为2、3或4。

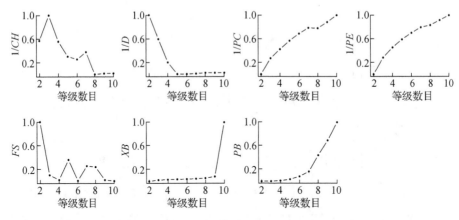

图3.2 基于FCM的乘客感知聚类有效性指标值

采用SAGA-FCM将乘客感知划分为2—10类,并计算不同类别的有效性指标值,结果如图3.3所示。对于 D、PC、PE、XB、PB 这些指标,采用SAGA-FCM聚类与采用FCM聚类的最优类数(即最佳服务水平等级数目)结果相同,如表3.2所示。基于SAGA-FCM聚类的 $1/CH$ 的最小值出现在类数7,因此根据 CH 最佳的服务水平等级数目为7。基于SAGA-FCM聚类的 FS 的最小值出现在类数4、8、9和10,因此根据 FS 最佳的服务水平等级数目为4、8、9或10。

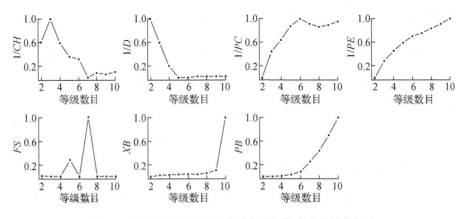

图3.3 基于SAGA-FCM的乘客感知聚类有效性指标值

表 3.2　基于乘客感知的快速公交服务水平等级数目结果

有效性指标	基于 FCM 的最佳等级数目	基于 SAGA-FCM 的最佳等级数目
CH	8	7
D	5,6	5,6
PC	2	2
PE	2	2
FS	6,10	4,8,9,10
XB	2	2
PB	2,3,4	2,3,4

在有效性指标中，CH 和 D 仅仅考虑了数据集的几何结构，它们更适合评价硬聚类。PC 和 PE 仅仅能够反映数据点对于不同类的隶属度，它们更适合评价模糊聚类。FS、XB、PB 同时考虑了数据集的几何结构和模糊隶属度。聚类有效性评价领域的最新研究指出[64-65,71-73]：聚类有效性指标应反映数据结构和隶属度。因此，有理由认为：FS、XB、PB 是更加全面且有效的指标，采用 FS、XB、PB 评价聚类效果是合理的。因此，本章采用 FS、XB、PB 来分析最佳的服务水平等级数目。

FS、XB、PB 关注模糊聚类的两个特性：类内紧致性和类间分离性。FS 被定义为紧致性与分离性的差。XB 被定义为紧致性除以分离性。PB 被定义为三个因子的乘积，其最小化可使得类内紧致而类间大的分离[73]。

Kim 等基于 7 个数据集对 8 个有效性指标（包括 XB 和 FS）进行了性能可靠性比较。采用的 7 个数据集是：BENSAID、SYNTHETIC、STARFIELD、X30、BUTTERFLY、IRIS、COLOR，它们是测试聚类方法和有效性指标常用的数据集。研究发现：XB 是最可靠的指标之一，因为它正确地识别出 6 个数据集的最优类数；相较于其他指标，FS 不太可靠[72]。此外，在目前的聚类有效性评价研究中，相对于 FS，XB 被更加广泛地使用。因此，有理由认为：在寻找最优类数时，XB 比 FS 更加可靠。Pakhira 等选择 4 个真实的和 4 个人工数据集来比较 PB 和 XB 的性能。4 个人工数据集是 CIRCULAR_5_2、CIRCULAR_6_2、ELLIPTICAL_10_2、SPHERICAL_4_3，4 个真实数据集是 IRIS、CRUDE_OIL、CANCER、KALAZAAR，这些都是常用的测试有效性指标的数据集。研究发现：PB 能够识别出 7 个数据集的正确类数，XB 能够识别出 2 个数据集的正确类数[73]。根据该研究结果有理由认为：在寻找最优类数时 PB 优于 XB。

总体来说，在 FS、XB、PB 指标中，PB 可以更加可靠地识别出最优类数。因此，本章采用 PB 进行聚类结果评价，即采用基于 PB 识别的乘客感知的最优类数作为最佳的服务水平等级数目。上述分析得出，根据 PB 乘客能够感知的最佳服务水平等级数目为 2、3 和 4。因此，本章研究发现符合乘客感知需求的服务水平等级数目（即乘客能够感知的最佳服务水平等级数目）为 2、3 或 4。Pécheux 等研究了对于信号交叉口出行者能够感知多少级服务水平，研究发现出行者一般能够感知 2—3 个服务水平等级[60]。本章的研究结果与 Pécheux 等的研究结果类似。

3.5 本章小结

本章提出了如何基于乘客感知研究快速公交服务水平等级数目的方法。将乘客感知定义为由感知到站时间、感知等车时间、公交车速度感知、车内拥挤度感知、感知离站时间、总体感知组成的 6 维指标。考虑到乘客感知具有模糊性，采用 FCM 和 SAGA-FCM 对乘客感知进行聚类。采用聚类有效性分析的思路选取 CH、D、PC、PE、FS、XB、PB 这 7 个有效性指标来确定最佳的服务水平等级数目。研究表明：符合乘客感知需求的快速公交服务水平等级数目（即乘客能够感知的最佳服务水平等级数目）为 2、3 或 4。

本章的创新之处在于：乘客感知包含了乘客对到站、等车、乘车、离站各子行程及全程的感受，使得服务水平等级数目的确定依赖于乘客对公交的全面的感受。采用公交出行调查系统开展的调查可以收集到实时的乘客感知，不像传统的问卷调查依靠受访者的回忆收集感知数据。除了 FCM，还采用 SAGA-FCM 进行乘客感知聚类，有效地改善了 FCM 易于陷入局部最优的不足。

第 4 章/Chapter 4

》》快速公交服务水平模糊分级方法

4.1 引言

服务水平的概念首次出现于 1965 年版美国《道路通行能力手册》(HCM)并一直被广泛应用[13]。1965 年至 2010 年版的 HCM 均以 A—F 字母等级划分服务水平[4]，即提供了各类交通设施的服务水平分级(level of service criteria)。服务水平分级是基于评价指标的不同临界值将交通设施或公共交通的服务水平划分为若干等级的方法,是一种量化服务质量及一种与决策者和外行人交流服务质量的工具,在交通设施及公共交通的运营、设计、规划层面均有重要应用。在运营层面,可用于评价运营服务水平现状;在设计层面,可用于确定符合期望服务水平的几何条件或信号条件;在规划层面,可用于预测拟建设的或现有的交通设施及公共交通在未来的服务水平[4]。基于服务水平分级的服务水平分析还可以指导如何在竞争的交通项目间分配有限的财政资源[14]。

公交服务水平分级是指导公交规划设计、评价公交运营状况的重要依据,能够引领高品质公交系统的建设,有助于从根源上提升公交服务水平[2,74]。美国《公共交通通行能力与服务质量手册》(TCQSM)提供了包括服务频率、服务时间、站点覆盖率等评价指标的公交服务水平分级[1-2]。Das 和 Pandit 针对印度公交采用 Law of Successive Interval Scaling(连续区间标度法)方法建立了包括步行到站距离、等车时间、行程时间延误等评价指标的服务水平分级[26]。目前我国缺乏关于公交服务水平分级这一问题的专门研究,尚缺乏科学、系统的公交服务水平分级。少量文献在研究公交服务质量及可靠性评价时对这一问题略有涉及。如高桂凤等提出了包括公交服务频率、出行时间、运行速度等评价指标的服务水平分级[28]。黄婷等建立了包括公交站点、线路、系统等层面多个评价指标的服务水平分级[31]。王田田建立了包括快速公交等车时间、公交车速度、服务频率等评价指标的服务水平分级[32]。霍月英等采用 K 均值聚类方法建立了快速公交延误的服务水平分级[34]。

目前 HCM、TCQSM 以及国内外相关文献所建立的服务水平分级均有清晰的边界,评价指标非此即彼地属于某等级,即一个评价指标值属于某等级则不会属于其他等级,其被称为服务水平硬分级。清晰的边界导致硬分级存在一个显著问题是:有的评价指标微小的变化可能引起服务水平等级的改变,而有的评价指标较大的变化可能却不会引起服务水平等级的改变[61],如王田田[32]建立的快速公交等车时间服务水平分级,等车时间从 1.6 min 变化到 1.7 min,服务水平从 A 级变为 B 级,等车时间从 1.7 min 变化到 2.2 min,服务水平仍为 B 级,这是不合理的。硬分级由于这一缺点,在用于运营、设计、规划时其应用效果将不理想。将消除清晰的边界而允许相邻服务水平等级之间有交叉的服务水平分级称为模糊分级。为了克服硬分级的这一缺点,本章试图寻求构建服务水平模糊分级的方法。

服务水平分级本质上是一个分类问题,聚类分析数据挖掘技术适用于此类问题的研究[35]。聚类分析方法有硬聚类和模糊聚类两种。生产实践及科学研究中遇到的大多数事物具有亦此亦彼的模糊特性[70]。硬聚类方法是非此即彼地将事物分类。模糊聚类方法则借助隶属度概念亦此亦彼地将事物划分到不同类别,并可体现事物的模糊特性,所以模糊聚类方法对事物的分类更加合理[70,75]。因此,本章采用模糊聚类方法探索服务水平模糊分级方法,期望对评价指标的划分不再是非此即彼而是可体现评价指标亦此亦彼的模糊特性,从而克服服务水平硬分级存在的缺点。

4.2 服务水平模糊分级方法

采用模糊聚类方法探索快速公交服务水平模糊分级方法。在模糊聚类方法中,模糊C均值聚类(FCM)是一种典型的且应用广泛的方法[70,75],采用FCM方法探索快速公交服务水平模糊分级方法。在FCM方法中每一个数据点按照一定的隶属度属于每一类,所有数据点对于所有类的隶属度构成了隶属度矩阵。FCM方法的基本原理为:首先随机选取若干聚类中心,所有数据点都被赋予对聚类中心一定的隶属度,形成隶属度矩阵;然后通过迭代方法不断修正聚类中心和隶属度矩阵,迭代过程以极小化所有数据点到各个聚类中心的距离与隶属度值的加权和为优化目标,直至聚类中心不再变化或两次迭代的目标函数值之差在允许的范围内[70,75]。

将服务水平模糊分级定义为松弛了相邻服务水平等级之间的边界,且相邻等级之间有重叠,重叠区间的评价指标以不同的隶属度属于相邻等级的服务水平分级。将FCM应用于构建服务水平模糊分级时,分类对象为评价指标,聚类数目为服务水平等级数目。基于FCM的快速公交服务水平模糊分级方法如下:

(1) 分类评价指标,构建隶属度矩阵

以 $X=\{x_1,x_2,\cdots,x_n\}$ 表示评价指标的数据集,c 表示服务水平等级数目,$V=(v_1,v_2,\cdots,v_c)$ 表示评价指标的聚类中心,$U(X)=[\mu_{ij}]_{c\times n}(i=1,2,\cdots,c,j=1,2,\cdots,n)$ 表示评价指标的隶属度矩阵,μ_{ij} 为第 j 个评价指标数据点 x_j 对于第 i 个聚类中心 v_i 的隶属度。隶属度满足 $\sum_{i=1}^{c}\mu_{ij}=1$,$\forall j=1,2,\cdots,n$,即一个评价指标数据点属于各服务水平等级的隶属度之和等于1。

构建以下目标函数:

$$J_m = \sum_{j=1}^{n}\sum_{i=1}^{c}\mu_{ij}^m \parallel x_j - v_i \parallel ^2 \qquad (4.1)$$

式中，$\|x_j - v_i\|$ 表示第 j 个评价指标数据点与第 i 个聚类中心之间的欧几里得距离；m 是模糊度参数。

为了最小化目标函数，需按照式(4.2)和式(4.3)更新评价指标的聚类中心和隶属度矩阵。

$$v_i = \sum_{j=1}^{n} \mu_{ij}^m x_j \Big/ \sum_{j=1}^{n} \mu_{ij}^m \tag{4.2}$$

$$\mu_{ij} = 1 \Big/ \sum_{q=1}^{c} \left(\frac{\|x_j - v_i\|}{\|x_j - v_q\|} \right)^{\frac{2}{m-1}} \tag{4.3}$$

分类评价指标时，首先用值在[0、1]的随机数初始化隶属度矩阵；根据式(4.2)计算聚类中心；根据式(4.1)计算目标函数，如果它小于事先给定的阈值，或相对上次迭代的目标函数值的改变量小于某个阈值，则算法终止；根据式(4.3)计算新的隶属度矩阵。按此不断迭代，直到算法终止，得到评价指标最终的聚类中心和隶属度矩阵。

(2) 基于隶属度矩阵绘制隶属函数图

隶属函数图分为原始隶属函数图和近似隶属函数图。隶属度矩阵中的一行数据(即 $\mu_i, i = 1, 2, \cdots, c$)代表一个服务水平等级的模糊集，基于其中一行数据绘制得到的曲线为一个服务水平等级的曲线。基于隶属度矩阵，根据其中的每一行数据绘制一条服务水平等级曲线，将所有服务水平等级曲线布设在同一个图中，得到原始隶属函数图。然后考虑一个评价指标数据点属于各等级的隶属度之和等于1的约束，用直线代替原始隶属函数图中的曲线得到近似隶属函数图。

(3) 基于隶属函数图建立服务水平模糊分级

针对隶属函数图，分析图中每条服务水平等级曲线对应的评价指标范围，即为每个服务水平等级的评价指标范围，将所有等级的评价指标范围汇总即可得到服务水平模糊分级。

在模糊分级中评价指标以不同的隶属度属于相邻等级，不同的隶属度反映了评价指标对于相邻等级不同的隶属程度，则存在一个主要服务水平等级和一个次要服务水平等级。将隶属度大于 0.5 的等级定义为主要服务水平等级，隶属度小于 0.5 的等级定义为次要服务水平等级。为了应用方便，有必要提供主要及次要服务水平等级的评价指标范围。隶属函数图中属于相邻等级的隶属度均为 0.5 的点即为相邻等级的交点。一个主要及对应的次要服务水平等级的范围根据相邻等级的隶属度曲线的交点进行确定，具体方法为：根据隶属度矩阵，针对每个等级，通过内插法找出属于此等级的隶属度为 0.5 的评价指标值；然后继续通过内插法找出相邻等级交点的评价指标值；最后通过分析隶属函数图中的交点即可确定出此范围。

4.3 快速公交服务水平模糊分级

4.3.1 评价指标及等级数目

公交的服务对象是乘客,公交服务水平的高低与乘客对其感知的好坏息息相关,因此本章从乘客视角选取服务水平的评价指标。乘客快速公交出行过程包括到站(从出发点到公交站)、候车、乘车、离站(从公交站到目的地)四个阶段。在到站及离站阶段,乘客对服务水平的感知受乘客到站及离站时间、有无人行天桥或地下通道、人行道的宽度及隔离状况、人行道干净程度等的影响。在候车阶段,乘客对服务水平的感知受乘客等车时间、有无实时的公交车到站信息、有无座椅及遮挡物、公交站几何尺寸及干净程度等的影响。在乘车阶段,乘客对服务水平的感知受公交车速度、载客量、车内干净程度、座椅舒适性及驾驶员态度等的影响。在以上诸多因素中,干净程度、座椅舒适性、驾驶员态度等因素难以量化。有无人行天桥或地下通道、有无实时的公交车到站信息、有无座椅及遮挡物等因素没有分级尺度。人行道宽度、公交站几何尺寸等因素的变化幅度很小,没有分级尺度。而时间指标既可以量化又具有分级尺度,同时乘客对时间也非常敏感,各阶段花费时间的长短直接影响乘客对服务水平感知的好坏。因此,选取到站时间、等车时间、公交车速度、离站时间作为快速公交服务水平的评价指标。

历版 HCM 将服务水平划分为 6 级,并以字母 A—F 表示不同等级,其中 A 代表最好的运行状况,F 代表最差的运行状况[3-4]。国内外很多学者按照 HCM 的做法将交通设施或公共交通的服务水平划分为 6 级[26, 32, 35-39]。本章也遵循 HCM 的做法将快速公交服务水平划分为 A—F 共 6 级,即快速公交服务水平等级数目为 6。

4.3.2 模糊分级

2.3节快速公交乘客出行调查收集到了乘客到站、候车、乘车、离站等各阶段的出行时间及感知,因此相应的到站时间、等车时间、公交车速度、离站时间等服务水平评价指标的数据被收集到。快速公交乘客出行调查获得有效记录1304条,本章基于到站时间、等车时间、公交车速度、离站时间这1304条样本量构建其模糊分级。

采用本章提出的快速公交服务水平模糊分级方法构建模糊分级。到站时间、等车时间、公交车速度的隶属函数图分别如图4.1、图4.2、图4.3所示,图4.1(a)、图4.2(a)、图4.3(a)为原始隶属函数图,图4.1(b)、图4.2(b)、图4.3(b)为近似隶属函数图,图中6条不同曲线代表A-F 6个服务水平等级。建立的快速公交服务水平模糊分级如表4.1所示,表4.1中相邻服务水平等级之间的评价指标(到站时间、等车时间、公交车速度)范围有重叠,重叠区间的评价指标值以不同的隶属度属于相邻等级,具体的隶属度值在隶属度矩阵或隶属函数图中显示。同时还提供了快速公交主要服务水平等级和对应的次要服务水平等级的评价指标范围,如表4.2所示。离站时间的服务水平模糊分级结果与到站时间的非常相似,此处不再对其进行介绍。

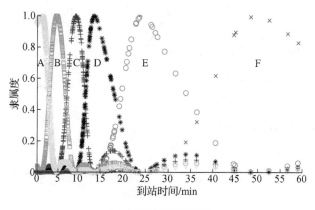

(a) 原始隶属函数图

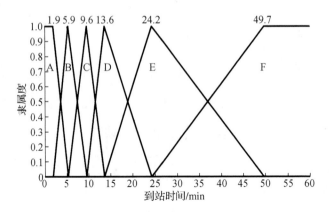

(b) 近似隶属函数图

图 4.1　到站时间的隶属函数图

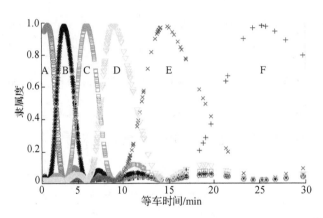

(a) 原始隶属函数图

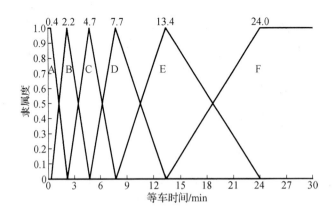

(b) 近似隶属函数图

图 4.2　等车时间的隶属函数图

第4章 快速公交服务水平模糊分级方法

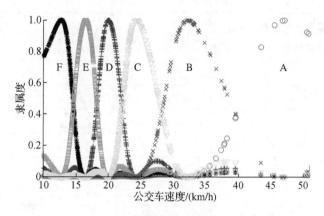

(a) 原始隶属函数图

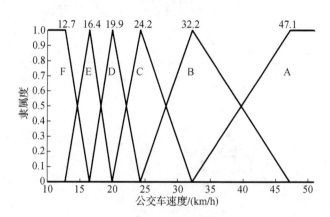

(b) 近似隶属函数图

图 4.3 公交车速度的隶属函数图

表 4.1 快速公交服务水平模糊分级

评价指标	服务水平等级					
	A	B	C	D	E	F
到站时间/min	[0, 5.3)	(1.9, 9.6)	(5.3, 13.6)	(9.6, 24.2)	(13.6, 49.7)	(24.2, ∞)
等车时间/min	[0, 2.2)	(0.4, 4.7)	(2.2, 7.7)	(4.7, 13.4)	(7.7, 24.0)	(13.4, ∞)
公交车速度/(km·h^{-1})	(32.2, ∞)	(24.2, 47.1)	(19.9, 32.2)	(16.4, 24.2)	(12.7, 19.9)	(0, 16.4)

表 4.2 快速公交主要和次要服务水平等级的范围

不同服务水平等级的隶属度		到站时间/min	等车时间/min	公交车速度/(km·h^{-1})
A>0.5	B<0.5	[0, 3.6)	[0, 1.3)	(39.7, ∞)
B>0.5	A<0.5	(3.6, 5.3]	(1.3, 2.2]	[32.2, 39.7]
	C<0.5	[5.3, 7.4]	[2.2, 3.5]	(28.2, 32.2]
C>0.5	B<0.5	(7.4, 9.6]	(3.5, 4.7]	[24.2, 28.2]
	D<0.5	[9.6, 11.6)	[4.7, 6.2)	(22.1, 24.2]
D>0.5	C<0.5	(11.6, 13.6]	(6.2, 7.7]	[19.9, 22.1)
	E<0.5	[13.6, 18.9]	[7.7, 10.5]	(18.2, 19.9]
E>0.5	D<0.5	(18.9, 24.2]	(10.5, 13.4]	[16.4, 18.2]
	F<0.5	[24.2, 36.9)	[13.4, 18.7)	(14.6, 16.4]
F>0.5	E<0.5	(36.9, ∞)	(18.7, ∞)	(0, 14.6]

4.4 服务水平模糊分级的优势分析

王田田[32]建立了快速公交等车时间、公交车速度的服务水平硬分级,如表4.3所示。以本章所建分级和文献[32]的硬分级为例,对模糊分级和硬分级的边界特性进行比较。本章所建模糊分级与王田田所建的相比,服务水平A—F的评价指标值的范围更大,如本章等车时间A级的范围为[0,2.2 min)包含了王田田的A级(0,1.6 min]和B级(1.6 min,2.2 min],本章公交车速度B级的范围为(24.2 km/h,47.1 km/h),王田田所建公交车速度B级的范围为(25 km/h,30 km/h)。本章所建模糊分级中的临界值与王田田硬分级中的差别很大,如本章等车时间分级的临界值为0.4 min、2.2 min、4.7 min、7.7 min、13.4 min、24.0 min,王田田所建等车时间分级的临界值为1.6 min、2.2 min、2.8 min、4.3 min、5.5 min。这是由于两种分级的构建方法不同,本章采用基于FCM的快速公交服务水平模糊分级方法构建服务水平分级,而王田田通过参考HCM2000和TCQSM2003构建服务水平分级。两种分级的临界值差别大不是本章的关注点,本章旨在以它们为例比较模糊分级和硬分级的边界特性。

王田田建立的硬分级相邻服务水平等级间有清晰的边界,评价指标非此即彼地属于某等级,即一个评价指标值属于某等级则不会属于其他等级,如当等车时间小于等于1.6 min时服务水平为A级,当大于1.6 min小于等于2.2 min时为B级。本章建立的服务水平模糊分级借助隶属度来体现评价指标属于不同服务水平等级的程度,隶属度连续的变化可体现评价指标逐步变化引起的服务水平变化,消除了清晰的边界,相邻等级之间有重叠,重叠区间的评价指标值以不同的隶属度属于相邻等级,如当等车时间小于2.2 min时服务水平为A级,大于0.4 min小于4.7 min时为B级,0.4—2.2 min为A级和B级的重叠区间,该区间的等车时间以不同的隶属度(具体的隶属度值见隶属函数图)属于A级和B级。

表 4.3 文献[32]建立的快速公交服务水平硬分级[①]

	A	B	C	D	E	F
等车时间/min	(0, 1.6]	(1.6, 2.2]	(2.2, 2.8]	(2.8, 4.3]	(4.3, 5.5]	(5.5, ∞)
公交车速度/(km·h^{-1})	(30, ∞]	(25, 30]	(22, 25]	(20, 22]	(18, 20]	(0, 18]

服务水平硬分级存在以下特点：① 相邻服务水平等级的边界被非此即彼地划分到某一等级，如在王田田[32]所建的等车时间分级中，1.6 min 是 A 级和 B 级的边界，该分级将其划分到 A 级。② 接近边界的差别很小的评价指标值可能属于不同服务水平等级，如王田田所建的等车时间分级中，1.6 min 属于 A 级，1.7 min 属于 B 级。③ 非常接近的评价指标值可能属于不同服务水平等级，而差别较大的评价指标值可能属于同一服务水平等级，也就是说，有的评价指标微小的变化可能引起服务水平等级的改变，而有的评价指标较大的变化可能却没有引起服务水平等级的改变，如在王田田所建的等车时间分级中，等车时间从 1.6 min 变化到 1.7 min，服务水平从 A 级变为 B 级，等车时间从 1.7 min 变化到 2.2 min，服务水平仍为 B 级。硬分级的这三个特点，从实际来说是不合理的，是硬分级由于有清晰的边界而必然存在的缺点。由于硬分级的这三个缺点，将硬分级应用于公交规划设计及运营评价时效果将不理想。

服务水平模糊分级消除了清晰的边界，借助隶属度的概念体现评价指标亦此亦彼的模糊特性，从而有效地避免了硬分级存在的缺点。模糊分级以隶属度来体现评价指标属于相邻服务水平等级的程度，评价指标变化引起的服务水平变化通过隶属度改变得以体现出来。如在本章建立的等车时间模糊分级中，1.6 min 以 0.2 的隶属度属于 A 级、以 0.8 的隶属度属于 B 级，1.7 min 以 0.18 的隶属度属于 A 级、以 0.82 的隶属度属于 B 级，2.2 min 以 0 的隶属度属于 A 级、以 1 的隶属度属于 B 级；1.6 min 不再是绝对地属于 A

---

① 为了对服务水平模糊分级与硬分级进行比较，本章选取文献[32]作为案例。本章没有质疑文献[32]研究成果的合理性，只是对两种形式的服务水平分级进行比较。

级;1.6 min 和 1.7 min 不再分别属于 A 级和 B 级,而是以不同的隶属度同时属于 A 级和 B 级;等车时间从 1.6 min 变化到 1.7 min 及 2.2 min,服务水平的变化通过隶属度的改变体现出来,即属于 A 级的隶属度从 0.2 变化到 0.18 及 0,属于 B 级的隶属度从 0.8 变化到 0.82 及 1,不再是服务水平等级的阶梯式跳跃或不变。

4.5 本章小结

目前国内外所使用的服务水平分级均为硬分级，硬分级由于有清晰的边界而必然存在的问题是：有的评价指标微小的变化可能引起服务水平等级的改变，而有的评价指标较大的变化可能却没有引起服务水平等级的改变。本章提出了服务水平模糊分级的概念，即松弛了相邻服务水平等级之间的边界，且相邻等级之间有重叠，重叠区间的评价指标以不同的隶属度属于相邻等级的服务水平分级。采用模糊C均值聚类方法探索模糊分级构建方法，提出了"分类评价指标、构建隶属度矩阵、绘制隶属函数图"的快速公交服务水平模糊分级方法。选取到站时间、等车时间、公交车速度作为快速公交服务水平评价指标，采用自主开发的公交出行调查系统开展快速公交乘客出行调查，基于调查所获数据采用提出的模糊分级方法构建了快速公交服务水平模糊分级。通过对模糊分级与硬分级的比较发现，模糊分级由于消除了清晰的边界而将评价指标亦此亦彼地划分到相邻服务水平等级，通过隶属度来体现评价指标属于相邻等级的程度，评价指标变化引起的服务水平变化通过隶属度改变得以体现，从而有效地克服了硬分级存在的问题。

创新点在于提出了服务水平模糊分级的概念，提出了快速公交服务水平模糊分级方法。本章所提出的服务水平模糊分级方法也可用于常规公交以及公路、城市道路等交通设施的服务水平模糊分级的构建。

第 5 章/Chapter 5

》》快速公交专用道服务水平分级研究

5.1 引言

公交专用道是快速公交的基础设施,目前我国对公交专用道的研究重在关注设计布局,对其服务水平缺乏科学的研究。因此,有必要对公交专用道服务水平分级进行研究,以指导其规划设计和运营管理,从而提升快速公交的服务水平。

目前国内外对公路、城市道路、交叉口等的服务水平分级已进行了深入的研究[3-4, 35-39, 48-53],但对公交服务水平分级的理论研究相对较少。美国《公共交通通行能力与服务质量手册》根据交通专家的经验与判断提出了服务频率、服务时间、载客率、可靠性等的服务水平分级[1-2]。据可查阅文献,Das 和 Pandit 对公交服务水平分级进行了理论研究,即采用 Law of Successive Interval Scaling(连续区间标度法)方法研究了印度公交的服务水平分级[26]。具体对于公交专用道,台湾学者陈丽敏采用因子评点法研究了专用道的服务水平分级[76]。

本章针对因子评点法的局限性对其进行改进,旨在提出更加实用的服务水平分级方法,并基于此方法建立公交专用道服务水平分级。

5.2 因子评点法

因子评点法是以服务水平的评价指标服从正态分布为基础,以评价指标的均值和标准差划分服务水平等级的方法。国外通常将服务水平分为 A、B、C、D、E、F 六级,因子评点法论述了划分为六级时的分级方法。具体步骤为[76]:

(1) 计算评价指标 x 的均值 μ_0 与标准差 σ。

(2) 评价指标的正态分布检验。推荐的方法为:首先进行频次分析,绘制次数分布曲线,以从直观上观察评价指标是否服从正态分布;然后进行正态分布检验如 K-S 检验,以定量分析评价指标是否服从正态分布。

(3) 如果评价指标服从正态分布,则以 μ_0 作为 C 级上限值,以 $\mu_0-1.5\sigma$、$\mu_0-0.5\sigma$、$\mu_0+0.5\sigma$、$\mu_0+1.5\sigma$ 作为 A 级、B 级、D 级、E 级的上限值。

因此,因子评点法确定的服务水平分级如表 5.1 所示。

表 5.1 因子评点法的服务水平分级

服务水平等级	评价指标
A	$x \leqslant \mu_0 - 1.5\sigma$
B	$\mu_0 - 1.5\sigma < x \leqslant \mu_0 - 0.5\sigma$
C	$\mu_0 - 0.5\sigma < x \leqslant \mu_0$
D	$\mu_0 < x \leqslant \mu_0 + 0.5\sigma$
E	$\mu_0 + 0.5\sigma < x \leqslant \mu_0 + 1.5\sigma$
F	$x > \mu_0 + 1.5\sigma$

5.3 改进的因子评点法

因子评点法适用于评价指标服从正态分布的服务水平分级问题,这一要求导致其应用的局限性。本章试图通过分析因子评点法的原理,提出应用更为普遍的服务水平分级方法。

因子评点法实质上是根据各级服务水平的期望概率进行服务水平分级。根据正态分布的分布函数,$\mu_0-1.5\sigma$ 的累积概率为 7%,$\mu_0-0.5\sigma$ 的累积概率为 31%,μ_0 的累积概率为 50%,$\mu_0+0.5\sigma$ 的累积概率为 69%,$\mu_0+1.5\sigma$ 的累积概率为 93%。因此,A 级、B 级、C 级、D 级、E 级、F 级的概率分别为 7%、24%、19%、19%、24%、7%,如图 5.1 所示。对因子评点法进行逆向分析,发现其思路为:首先明确各级服务水平的期望概率;然后确定各级服务水平评价指标上限值的累积概率;然后从评价指标的分布函数中找出累积概率值,即为评价指标的上限值。

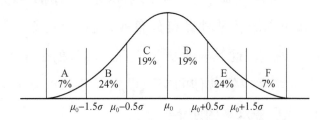

图 5.1 因子评点法的各级服务水平概率

受因子评点法的启发,本章提出更加简单实用的服务水平分级方法,称为改进的因子评点法。具体步骤为:

(1) 对评价指标 x 进行频次分析,分析其累积分布或者绘制累积分布曲线。

(2) 根据规划设计要求指定各级服务水平的期望概率。我国通常把交通设施服务水平分为一级、二级、三级、四级(一级为最佳等级,四级为最差等级)[77],指定一级至四级的期望概率分别为 p_1、p_2、p_3、p_4,且 $p_1+p_2+p_3$

$+ p_4 = 1$。

(3) 根据各级服务水平的期望概率确定其上限值的累积概率。以 x_1 表示一级上限值，x_2 表示二级上限值，x_3 表示三级上限值，则 x_1 的累积概率 $F(x_1) = p_1$，x_2 的累积概率 $F(x_2) = p_1 + p_2$，x_3 的累积概率 $F(x_3) = p_1 + p_2 + p_3$。

(4) 从评价指标的累积分布中找出累积概率的对应值，即为各级服务水平的上限值 x_1、x_2、x_3。建立的服务水平分级如表 5.2 所示。

表 5.2 服务水平分级的形式

服务水平等级	评价指标
一	$x \leqslant x_1$
二	$x_1 < x \leqslant x_2$
三	$x_2 < x \leqslant x_3$
四	$x > x_3$

改进的因子评点法是依靠评价指标的累积分布来确定服务水平分级，评价指标的累积分布可以服从某种经典分布如正态分布、负指数分布等，也可以不服从某种经典分布，因此其应用更为广泛。改进的因子评点法适用于评价指标值愈小、服务水平等级愈佳的交通设施服务水平分级问题，应用的关键在于合理指定各级服务水平的期望概率。

5.4 公交专用道服务水平分级

5.4.1 评价指标选取

公交专用道是快速公交的基础设施,选取公交专用道服务水平评价指标的思路是:首先分析快速公交服务的关键方面,然后针对公交专用道分析影响该关键方面的指标,这一指标即确定为评价指标。

评价快速公交服务可从可用性、经济性、舒适性、安全性、可靠性、便捷性等方面进行。在我国,城市公交的时间和空间覆盖率都比较高,可用性不是关键方面。我国公交票价低,公交出行的成本很低,经济性也不是关键方面。交通运输的首要任务是安全、准时地将乘客和货物运输到目的地,因此安全、可靠、便捷是乘客对于公交服务的基本需求。舒适性对于乘客来说也很重要,但这是高层次的需求,人们往往在满足基本需求后才会特别关注高层次需求,因此舒适性也不是关键方面。安全性是公交服务最为重要的方面,但这方面基本可以满足,并非每次公交出行都会遇到不安全事件。但是不可靠、不便捷却是我国公交出行经常遇到的问题,公交车晚点、出行时间过长是居民对公交最深刻的印象。因此,可靠性和便捷性是我国公交服务的关键方面。

公交专用道由路段、停靠站、交叉口组成。路段上由于专有的通行权,车辆运行状况相对顺畅,停靠站和交叉口是公交专用道运营过程中的瓶颈。停靠站处串车现象、停靠站和交叉口处排队现象严重,这种不良的运行状况导致公交车在停靠站和交叉口延误的产生。整个行程中的延误逐步积累,最终导致服务的不可靠和不便捷,从而影响整个系统的服务水平。因此,延误是公交专用道运营不可靠和不便捷的根源,本章将公交专用道延误作为其服务水平评价指标。

公交专用道延误包括公交车在公交专用道上所有路段、所有停靠站和所有交叉口的延误。路段、停靠站和交叉口的数量对于不同的公交专用道而言是不同的,因此,基于公交专用道延误的服务水平分级无法提供统一公平的标准。因此,本章基于单位公交专用道延误建立服务水平分级。单位公交专用道延误是指公交车在单位长度(100 m)路段、单个停靠站和单个交叉口的延误之和。

5.4.2 延误样本

获取单位公交专用道延误样本(简称延误样本)是建立公交专用道服务水平分级的基础。有两种方法可获取延误样本:实地调查,即在公交专用道上开展延误调查;延误模型计算,即对延误模型中的解释变量进行实地调查,然后根据变量调查数据计算延误。实地调查时,公交车在停靠站和交叉口的延误很难准确获取,而延误模型中的到达率、泊位数、信号参数等变量可以非常准确地获取。同时,实地调查仅可以获得小的延误样本量,而模型计算可以获得较大的样本量。因此,本章采用延误模型计算的方法获取延误样本。

公交专用道由路段、停靠站、交叉口组成。对于路段来说,公交车在其享有专有的路权,公交车在路段的延误很小,在单位长度路段的延误更小,通过现场调研将公交车在单位长度(100 m)路段的延误取为0.5 s。上游停靠站(即设置在交叉口进口道的停靠站)通常是公交专用道上车辆运行状况最差的部分,公交车在此类停靠站的服务受到交叉口的影响,停靠站的串车排队现象在交叉口信号灯的作用下变得更加严重。公交车在上游停靠站的延误不仅包含了停靠站串车排队现象导致的延误,还包含了交叉口影响下的延误。因此,采用上游停靠站延误估算模型计算公交车在单个停靠站和单个交叉口的延误之和。

武钧等[78]构建了上游停靠站延误估算模型,如式(5.1)所示,本章利用该模型获取延误样本。

$$D_n = \begin{cases} \dfrac{P_0 \rho^s \rho_s}{\lambda s!(1-\rho_s)^2} + \dfrac{\theta(P(n>s)+1-P_0)t_r}{C\lambda} \sqrt{\dfrac{P_0 \rho^s \rho_s(1+\rho_s)}{s!(1-\rho_s)^3} - \left(\dfrac{P_0 \rho^s \rho_s}{s!(1-\rho_s)^2}\right)^2}, & s>1 \\ \dfrac{\rho/\mu}{1-\rho} + \dfrac{\theta(P(n>1)+1-P_0)t_r}{C\lambda} \sqrt{\dfrac{\rho^2 - 2\rho^4 + \rho^5}{(1-\rho)^3}}, & s=1 \end{cases} \tag{5.1}$$

式中:D_n 表示公交车在上游停靠站的延误;λ 表示平均到达率;μ 表示单泊位通行能力;s 表示泊位数;ρ 和 ρ_s 表示服务强度,$\rho=\lambda/\mu(\rho<1)$,$\rho_s=\lambda/(s\mu)(\rho_s<1)$;$t_r$ 表示所在进口道的红灯时间;C 表示交叉口的周期长度;n 表示停靠站公交车的数量;P_0 表示停靠站没有公交车的概率,对于 $s=1$ 来说,$P_0=1-\rho$,对于 $s>1$ 来说,$P_0 = \left[\sum_{n=0}^{s-1}\dfrac{\rho^n}{n!} + \dfrac{\rho^s}{s!(1-\rho_s)}\right] - 1$;$P(n>1)=\rho^2$,$P(n>s)=1-\sum_{n=0}^{s}\dfrac{\rho^n P_0}{n!}$;$\theta$ 表示由于公交车完成服务而被前车或红灯阻挡导致站外排队公交车排队时间波动的比率,取值需根据调查数据进行估计,本章取为 0.4。该模型适用于公交车可超车的上游停靠站。

获取延误样本的具体方法为:首先确定上游停靠站延误估算模型中解释变量的取值;然后组合解释变量的多种取值,计算解释变量不同组合下的延误,即得到不同的单停靠站和单交叉口延误之和;将单位长度路段延误(0.5 s)加到每一个单停靠站和单交叉口延误之和中,即得到延误样本。

上游停靠站延误估算模型中的解释变量有公交车到达率、单泊位通行能力、泊位数、信号参数。2013 年 4 月 11 日、4 月 12 日课题组在南京和常州的公交专用道停靠站分别进行了实地调查,根据实地调查确定了解释变量的取值,如表 5.3 所示;将解释变量的多种取值组合,共 15 288(13×7×3×8×7)种代入上游停靠站延误估算模型[式(5.1)]中,得到 15 288 个单停靠站和单交叉口的延误之和;给每一延误值加上 0.5s 后即得到公交专用道的延误样本,样本容量为 15 288。获取延误样本所涉及的计算采用 MATLAB 完成。

表 5.3 获取延误样本的解释变量取值

解释变量	取值范围	步长	取值数量
到达率/(辆·h^{-1})	20~80	5	13
单泊位通行能力/(辆·h^{-1})	60~120	10	7
泊位数	2~4	1	3
红灯时间/s	60~130	10	8
周期长度/s	90~150	10	7

5.4.3 公交专用道服务水平分级

按照我国交通设施服务水平等级的分级情况,本章把公交专用道服务水平分为一级至四级,其中,一级为最佳的运行状况,四级为最差的运行状况。以 D_0 表示单位公交专用道延误,以 d_1、d_2、d_3 表示一级、二级、三级服务水平的单位公交专用道延误上限值。建立公交专用道服务水平分级即确定 d_1、d_2、d_3 的值。

以上述获得的延误样本为数据支持,采用改进的因子评点法进行公交专用道服务水平分级。首先对单位公交专用道延误进行频次分析,得到其累积分布,如表 5.4 所示。

建立公交专用道服务水平分级的主要目标在于指导公交专用道的规划设计(在规划设计之初就将服务水平定位在高等级),从这个角度来说应该使高等级服务水平如一级和二级的概率尽可能大。但从实际情况来说二级和三级服务水平的概率最大。针对此问题,笔者请教了东南大学的多位专家和学者,最终将一级、二级、三级、四级的概率分别指定为 15%、35%、35%、15%。即 $D_0 \leqslant d_1$ 的概率 $P(D_0 \leqslant d_1) = 15\%$,以此类推,$P(d_1 < D_0 \leqslant d_2) = 35\%$,$P(d_2 < D_0 \leqslant d_3) = 35\%$,$P(D_0 > d_3) = 15\%$。则各级服务

水平上限值 d_1、d_2、d_3 的累积概率 $F(d_1)=15\%$,$F(d_2)=50\%$,$F(d_3)=85\%$。最后从单位公交专用道延误的累积分布(表 5.4)中找出 15%、50%、85%对应的延误值,即为各级服务水平的上限值,$d_1=5s$、$d_2=9s$、$d_3=25s$。因此,采用改进的因子评点法,建立的公交专用道服务水平分级如表 5.5 所示。

表 5.4 单位公交专用道延误的累积分布

单位公交专用道延误/s	观测频数	累积观测频数	累积观测概率/%	单位公交专用道延误/s	观测频数	累积观测频数	累积观测概率/%
5	600	600	14.705	28	60	3 590	87.990
6	478	1 078	26.421	30	44	3 634	89.068
7	399	1 477	36.201	32	47	3 681	90.220
8	321	1 798	44.068	34	34	3 715	91.053
9	262	2 060	50.490	36	34	3 749	91.887
10	213	2 273	55.710	38	32	3 781	92.671
12	343	2 616	64.117	40	30	3 811	93.406
14	242	2 858	70.049	50	103	3 914	95.931
16	183	3 041	74.534	60	58	3 972	97.352
18	143	3 184	78.039	70	39	4 011	98.308
20	112	3 296	80.784	80	34	4 045	99.142
22	85	3 381	82.867	90	20	4 065	99.632
24	82	3 463	84.877	100	11	4 076	99.902
26	67	3 530	86.519	110	4	4 080	100.000

表 5.5 基于改进因子评点法的公交专用道服务水平分级

服务水平等级	单位公交专用道延误/s
一	$D_0 \leqslant 5$
二	$5 < D_0 \leqslant 9$
三	$9 < D_0 \leqslant 25$
四	$D_0 > 25$

备注:适用于公交车可超车的公交专用道

5.5 本章小结

本章通过对因子评点法原理的反向分析,提出了改进的因子评点法;然后应用此方法,以单位公交专用道延误为评价指标,建立了公交专用道服务水平分级。贡献在于:提出了改进的因子评点法,拓展了理论方法的应用范围;提出了单位公交专用道延误的概念,可为不同快速公交专用道构建统一的评价标准;建立了公交专用道服务水平分级,可为公交专用道的运营管理和规划设计提供指导。

改进的因子评点法的应用关键是合理指定各级服务水平的期望概率,如何合理指定及从何角度考虑值得深入研究。本章的局限性在于所建的公交专用道服务水平分级是基于专家咨询确定的服务水平等级概率,确定的概率合理与否直接影响所建分级的科学性。

第 6 章/Chapter 6

》》基于乘客感知的公交车站立乘客面积研究

6.1 引言

公交车是设计有站立乘客的车型。在运营中公交车内经常有站立乘客，尤其在高峰期，公交车内的站立乘客很多。站立乘客面积是反映公交车内拥挤程度、影响乘车阶段乘客感知的关键指标。乘客满意度是乘客感知的重要量化指标。为了量化乘客感知与站立乘客面积的关系，以乘客满意度表征乘客感知。站立乘客面积是指公交车的有效站立面积除以公交车内的站立乘客数（即乘客数减去座位数）[1-2, 32]。站立乘客面积越小，乘客满意度越低；站立乘客面积越大，乘客满意度越高。随着站立乘客面积的增加，乘客对于乘车经历的感受逐渐由不满意转变为满意。将使乘客感受由不满意转变为满意的站立乘客面积的临界值定义为临界站立乘客面积。临界站立乘客面积是保证乘客满意的最小站立乘客面积。

美国《公共交通通行能力与服务质量手册（第三版）》（TCQSM2013）提出了站立乘客面积（standing passenger space）的服务水平分级[2]，如表 6.1 所示。从表 6.1 可见，服务水平为 A—D 时乘客是舒适的、满意的，服务水平为 E、F 时乘客是不舒适、不满意的。因此服务水平 D 和 E 的分界值 $0.30\ m^2/$ 人是保证乘客舒适满意的最小站立乘客面积。

表 6.1 TCQSM2013 站立乘客面积服务水平分级

服务水平等级	站立乘客面积	乘客感受
A	$>1.00\ m^2/$人	乘客能够自由移动，大部分或全部乘客有座位
B	$0.50—1.00\ m^2/$人	乘客间有距离，处于舒适的站立状态
C	$0.40—0.49\ m^2/$人	站立乘客没有身体接触，站立乘客和坐着的乘客有相同的个人空间
D	$0.30—0.39\ m^2/$人	站立乘客偶尔有身体接触，站立乘客的个人空间小于坐着的乘客
E	$0.20—0.29\ m^2/$人	接近不舒适状况，站立乘客有频繁的身体接触
F	$<0.20\ m^2/$人	极端拥挤状态

在我国,相关标准采用站立乘客面积确定公交车的额定载客量。建设部《建设部关于印发城市建设统计指标解释的通知》(建综〔2001〕255号)规定城市公共汽(电)车的额定载客量＝车厢固定乘客座位数＋车厢有效站立面积(m^2)×每平方米允许站立人数,每平方米允许站立人数按8人计算,即站立乘客面积为0.125 m^2[79]。《客车装载质量计算方法》(GB/T 12428—2005)中额定载客量(该标准称为设计乘员人数)的确定方法为:① 按座位数、车厢有效站立面积计算;② 按车载质量计算,然后在①和②中取小值[80]。《机动车运行安全技术条件》(GB 7258—2017)关于额定载客量(该标准称为客车乘员数)的规定为:可以按乘员质量核定,按GB/T 12428确定;可以按座位数和车厢有效站立面积核定,且规定设有乘客站立区的客车,每0.125 m^2核定站立乘客1人[81]。

在理论研究层面,王田田在快速公交满载率的研究中涉及了站立乘客面积,满载率＝实际载客量/额定载客量,文中以0.25 m^2/人的站立乘客面积标定了BRT车辆的额定载客量[32]。张鑫采用站立乘客面积反映公交车内拥挤程度,以此为约束条件开展了考虑舒适度的公交线网优化设计,文中以0.20 m^2/人作为保证乘客舒适性的最小站立乘客面积[82]。吴奇兵研究了城市轨道交通车厢的合理立席密度(即站立乘客面积的倒数),研究建议以3.1人/m^2作为舒适标准,4.2人/m^2作为设计标准,4.7人/m^2作为超员标准[83]。

总体来说,我国相关标准为了核定公交车的额定载客量给出了站立乘客面积的下限值(0.125 m^2/人),但并没有关注该下限值(即每平方米站立8人)时乘客是否满意。王田田和张鑫的理论研究通过参考既有标准设定了站立乘客面积的取值,并没有对站立乘客面积展开探讨。轨道交通领域较为重视车厢的站立乘客面积,并呈现了一定的理论研究成果。美国TCQSM2013通过站立乘客面积的服务水平分级间接地体现了乘客满意度与站立乘客面积的关系。不同国家的人的社会经济属性差别很大,对公交服务的期望、感受、容忍度是不同的,TCQSM2013关于站立乘客面积得出的研究成果不一定适合我国。

因此,本章对乘客满意度和公交车站立乘客面积的关系展开研究,旨在提出临界站立乘客面积的建议值,为乘车阶段的乘客满意度、公交舒适性评价提供依据,为公交车额定载客量的核定提供新思路。

6.2 客流调查及问卷调查

为了获取乘客满意度与站立乘客面积建模所需的数据,调查员开展了客流调查及问卷调查。调查组乘坐调查线路的某辆公交车,从首站上车,连续跟车,直到末站下车,跟车期间同时开展客流调查和问卷调查。客流调查方法为:1 名调查员坐在前门附近,记录公交车到达沿线每一站的时间及前门上车乘客数;1 名调查员坐在后门附近,记录公交车离开每一站的时间及后门下车乘客数。问卷调查方法为:3 名调查员在公交车内来回移动,随机选取受访者进行乘客满意度调查,并记录下调查时间。问卷调查具体为询问受访者从上车到接受调查期间公交车内的拥挤情况并请其描述经历的最拥挤状况,然后让受访者根据经历的拥挤状况在"非常满意、满意、不满意、非常不满意"中选择一个符合其感受的满意度;同时还调查了受访者的性别、年龄、学历等个人信息以及上下车站点。此外,在公交首末站测量了所乘坐公交车的有效站立面积并记录了座位数,图 6.1 显示了 62 路公交车的有效站立面积。

2015 年 7 月 15 日—7 月 19 日在呼和浩特市开展了客流调查及问卷调查,调查线路为 1 路、6 路、20 路、26 路、27 路、62 路、92 路、K3 路共 8 条线路。客流调查获取了调查线路沿线的车内乘客数。问卷调查收集到 550 份乘客满意度问卷,问卷的样本分布特性为:女性样本的比例略高,为 55.04%;20—29 岁的乘客最多,占 44.18%,其次是 30—39 岁和 40—49 岁的乘客,分别占 18.04% 和 12.94%;专科和本科的较多,分别占 30.00% 和 28.63%,硕士及以上学历的占 6.14%;公司职员的比例最高,为 35.69%,公务员和教师的比例较低,仅占 9.93%;工作出行包括上班、公务、上学的比例约为 73.07%;没有私家车的样本占 69.00%。

站立乘客面积=公交车有效站立面积/(公交车内乘客数-公交车座位数),受访者从上车到接受调查期间公交车内的乘客数是变化的,在"接受调查时的乘客数、经历的最大乘客数、平均乘客数"中,应该采用哪一个计算站立乘客面积是一个关键问题。针对此问题,在客流及问卷调查开展前调查组乘坐公交与车内乘客进行了沟通,发现人们对经历的最拥挤状态记忆犹新,往往会根据最拥挤状态进行乘客满意度评价。因此,本章以经历的最大乘客数计算站立乘客面积。即站立乘客面积=公交车有效站立面积/(从上车到接受调查期间经历的最大乘客数-公交车座位数)。

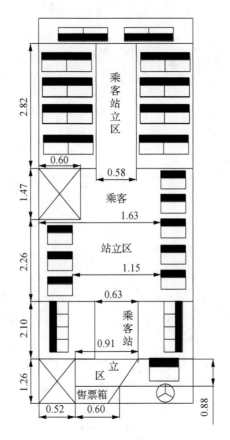

图 6.1 呼和浩特市 62 路公交车的有效站立面积示意图(单位:m)

每个受访者从上车到接受调查期间经历的最大乘客数的确定方法为:客流调查获取的数据按照"调查线路、线路方向、站点名称、到站时间(精确到秒)、上车乘客数、下车乘客数、车内乘客数"的格式建立客流数据表;问卷调查获取的数据按照"调查线路、线路方向、调查日期、调查时间(精确到秒)、上车站点、下车站点、乘客满意度、性别、年龄、学历、职业、出行目的、有无私家车"的格式建立满意度数据表;针对每个受访者(即每份问卷),通过满意度数据表中的上车站点和调查时间,在客流数据表中匹配出从上车到接受调查的乘车区间,然后找出该乘车区间的最大乘客数,即为受访者从上车到接受调查期间经历的最大乘客数。

6.3 有序 Logistic 回归

本章将乘客满意度分为非常满意、满意、不满意、非常不满意 4 个等级,分别以 1、2、3、4 表示。乘客满意度为有序次关系的离散型变量(即非常满意优于满意,满意优于不满意,以此类推)。有序 Logistic 回归是一种研究有序离散型变量的有效方法[84],因此,本章采用有序 Logistic 回归研究乘客满意度与站立乘客面积的模型。

以 y 表示因变量,假设因变量有 J 种类别,分别以 1、2、$\cdots$、J 表示,则 y 的取值为 $y=1, y=2, \cdots, y=J$。以 x_k 表示第 k 个自变量,β_k 表示 x_k 的系数,$k=1,2,\cdots,K$,其中,K 表示自变量的数量。因为 y 为分类变量,引入一个连续型因变量 y^*,将 y^* 作为建立 y 与 x_k 关系的"桥梁"。

y^* 与 x_k 之间存在线性关系:

$$y^* = a + \sum_{k=1}^{K} \beta_k x_k + \varepsilon \tag{6.1}$$

式中:y^* 表示观测现象的内在趋势,不能被直接观测;ε 为误差项。

y 有 J 种类别,则有 $J-1$ 个分界点将相邻类别分开,以 $\mu_1, \mu_2, \cdots, \mu_{J-1}$ 表示分界点,其中 $\mu_1 < \mu_2 < \cdots < \mu_{J-1}$,且通常规定 $\mu_1 = 0$。如果 $y^* \leqslant \mu_1$,则 $y=1$;如果 $\mu_1 < y^* \leqslant \mu_2$,则 $y=2$;$\cdots$;如果 $y^* > \mu_{J-1}$,则 $y=J$[84]。

根据 y^* 与 y 之间的关系,$y \leqslant j$ 的累积概率 $P(y \leqslant j)(j=1,2,\cdots,J-1)$ 为:

$$\begin{aligned} P(y \leqslant j) &= P(y^* \leqslant \mu_j) = P\left(a + \sum_{k=1}^{K} \beta_k x_k + \varepsilon \leqslant \mu_j\right) \\ &= P\left[\varepsilon \leqslant \mu_j - \left(a + \sum_{k=1}^{K} \beta_k x_k\right)\right] = F\left[\mu_j - \left(a + \sum_{k=1}^{K} \beta_k x_k\right)\right] \\ &= F\left(\beta_{0j} - \sum_{k=1}^{K} \beta_k x_k\right) \end{aligned} \tag{6.2}$$

式中：F 为 ε 的累积分布函数。

让 ε 服从 Logistic 分布，Logistic 函数为 $F(x)=\dfrac{1}{1+\mathrm{e}^{-x}}$，因此，$F(\beta_{0j}-\sum\limits_{k=1}^{K}\beta_k x_k)$ 为：

$$F\left(\beta_{0j}-\sum_{k=1}^{K}\beta_k x_k\right)=\dfrac{1}{1+\mathrm{e}^{-(\beta_{0j}-\sum\limits_{k=1}^{K}\beta_k x_k)}} \tag{6.3}$$

将式(6.3)代入式(6.2)，有：

$$P(y\leqslant j)=\dfrac{1}{1+\mathrm{e}^{-(\beta_{0j}-\sum\limits_{k=1}^{K}\beta_k x_k)}}=\dfrac{\mathrm{e}^{\beta_{0j}-\sum\limits_{k=1}^{K}\beta_k x_k}}{1+\mathrm{e}^{\beta_{0j}-\sum\limits_{k=1}^{K}\beta_k x_k}} \tag{6.4}$$

$$1-P(y\leqslant j)=\dfrac{1}{1+\mathrm{e}^{\beta_{0j}-\sum\limits_{k=1}^{K}\beta_k x_k}} \tag{6.5}$$

将 $\dfrac{P(y\leqslant j)}{1-P(y\leqslant j)}$ 称为累积发生比，根据式(6.4)和式(6.5)，有：

$$\dfrac{P(y\leqslant j)}{1-P(y\leqslant j)}=\mathrm{e}^{\beta_{0j}-\sum\limits_{k=1}^{K}\beta_k x_k} \tag{6.6}$$

将式(6.6)两边取自然对数，得到有序 Logistic 回归模型的定义[84]

$$\ln\dfrac{P(y\leqslant j)}{1-P(y\leqslant j)}=\beta_{0j}-\sum_{k=1}^{K}\beta_k x_k \tag{6.7}$$

式中：

$\ln\dfrac{P(y\leqslant j)}{1-P(y\leqslant j)}$ 称为累积对数发生比，$j=1,2,\cdots,J-1$，即共有 $J-1$ 个方程；

β_{0j} 表示截距，为待估计参数；

β_k 表示 x_k 的系数，为待估计参数，$k=1,2,\cdots,K$。

6.4 乘客满意度与站立乘客面积的模型

基于呼和浩特市客流调查及问卷调查获取的数据,以站立乘客面积为自变量、乘客满意度为因变量,采用 SPSS19.0 软件进行有序 Logistic 回归。有序 Logistic 回归的输出结果如表 6.2 所示。从表中可见,成比例发生比假设检验的 P 值为 $0.0004<0.05$,说明有序 Logistic 回归模型适用于样本数据的建模;模型 χ^2 统计的 P 值为 $0.0001<0.05$,说明所建模型比零模型好;站立乘客面积的系数显著性检验 P 值为 $0.0001<0.05$,说明站立乘客面积对乘客满意度有显著影响。

表 6.2 乘客满意度与站立乘客面积的有序 Logistic 回归输出结果

解释变量	系数	Wald χ^2	P 值
截距 1	−4.37	65.10	0.0001
截距 2	−1.12	11.86	0.0006
截距 3	2.70	6.20	0.0128
站立乘客面积	4.56	67.94	0.0001
成比例发生比假设检验	$\chi^2=15.51$,自由度$=2,P=0.0004$		
模型 χ^2 统计	$\chi^2=364.79$,自由度$=1,P=0.0001$		
AIC,SC	675.22,686.92		

根据有序 Logistic 回归的输出结果,乘客满意度与站立乘客面积的关系模型为:

$$\begin{cases} \ln\dfrac{P_1}{P_2+P_3+P_4} = -4.37+4.56 sps \\ \ln\dfrac{P_1+P_2}{P_3+P_4} = -1.12+4.56 sps \\ \ln\dfrac{P_1+P_2+P_3}{P_4} = 2.70+4.56 sps \end{cases} \quad (6.8)$$

式中:

P_1 表示乘客满意度为非常满意的概率；

P_2 表示乘客满意度为满意的概率；

P_3 表示乘客满意度为不满意的概率；

P_4 表示乘客满意度为非常不满意的概率；

sps 表示站立乘客面积，单位为 $m^2/人$；

$P_1+P_2+P_3+P_4=1$。

6.5 公交车临界站立乘客面积

将站立乘客面积取值区间定为 0.10 m²/人—1.00 m²/人，根据乘客满意度与站立乘客面积的模型[式(6.8)]，计算出乘客满意度概率 P_1、P_2、P_3、P_4 的值，据此得到乘客满意度概率与站立乘客面积的关系，如图 6.2 所示。从图中可见，随着站立乘客面积的增加，乘客非常满意的概率（P_1）递增，乘客满意的概率（P_2）先增加后由于非常满意的概率占主导而转为降低，乘客不满意的概率（P_3）递减，乘客非常不满意的概率（P_4）递减。当站立乘客面积介于 0.10 m²/人—0.25 m²/人时，乘客不满意的概率从 0.62 降低到 0.47，乘客满意的概率从 0.32 增加到 0.47，乘客非常满意和非常不满意的概率均小于 0.05，此区间乘客不满意的概率最大。当站立乘客面积介于 0.25 m²/人—0.95 m²/人时，乘客满意的概率从 0.47 增加到 0.67 然后又降低到 0.49，乘客不满意的概率从 0.47 降低到 0.04，乘客非常满意的概率从 0.04 增加到 0.49，乘客非常不满意的概率小于 0.02，此区间乘客满意的概率最大。当站立乘客面积介于 0.95 m²/人～1.00 m²/人时，乘客非常满意的概率从 0.49 增加到 0.55，乘客满意的概率从 0.49 降低到 0.42，乘客不满意和非常不满意的概率均小于 0.05，此区间乘客非常满意的概率最大。

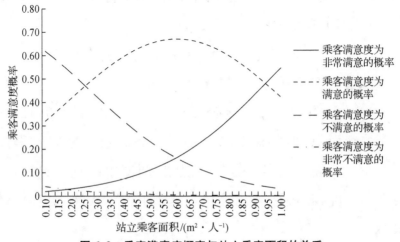

图 6.2　乘客满意度概率与站立乘客面积的关系

通过以上对图6.2的分析,得到乘客满意度与站立乘客面积的关系,如图6.3所示。当站立乘客面积小于0.25 m²/人时,乘客满意度为不满意;当站立乘客面积介于0.25 m²/人—0.95 m²/人时,乘客满意度为满意;当站立乘客面积大于0.95 m²/人时,乘客满意度为非常满意。可见,站立乘客面积为0.25 m²/人时使乘客的感受由不满意转变为满意。因此,0.25 m²/人为临界站立乘客面积,也就是保证乘客满意的最小站立乘客面积。站立乘客面积0.25 m²/人相当于每平方米站立4人。当公交车内每平方米站立乘客小于等于4人时,乘客不会感觉到拥挤且对公交服务满意;当每平方米站立乘客大于4人时,乘客会觉得拥挤而对公交服务不满意。

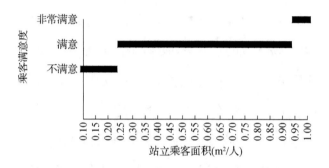

图6.3 乘客满意度与站立乘客面积的关系

TCQSM2013提出0.30 m²/人是保证乘客舒适满意的最小站立乘客面积,比本章所提议的0.25 m²/人稍大,这符合两国的人因特性。我国和美国的居民人因特性不同,美国居民更加依赖小汽车出行,对舒适性要求更高,相应地临界站立乘客面积稍大些。

《建设部关于印发城市建设统计指标解释的通知》(建综〔2001〕255号)和《机动车运行安全技术条件》(GB 7258—2017)将站立乘客面积指定为0.125 m²/人,并以此来核定公交车的额定载客量。0.125 m²/人小于临界站立乘客面积,据此核定的额定载客量将会使乘客觉得拥挤而对公交服务不满意。额定载客量是公交规划、调度中的重要参数,为了提升公交的乘客满意度,相关标准或许可以提高用于核定额定载客量的站立乘客面积。

我国常用满载率评价公交舒适性，站立乘客面积是比满载率更加直观的舒适性评价指标。对于运营者、乘客而言，公交车内每平方米站立几人（站立乘客面积的倒数）比公交车百分之几的满载率更加直观、可想象。本章提议的临界站立乘客面积（0.25 m^2/人）也可作为评价公交舒适性的临界值。

6.6 本章小结

本章聚焦于公交车的站立乘客面积这一微观指标,探究其与乘客满意度的量化关系,提出了临界站立乘客面积的建议值。首先在呼和浩特市开展了客流调查与问卷调查;基于调查所获数据,采用有序 Logistic 回归,建立了乘客满意度与站立乘客面积的模型;通过对所建模型的分析,提出临界站立乘客面积(即保证乘客满意的最小站立乘客面积)的建议值为 $0.25\text{m}^2/$人。通过将该建议值与我国相关标准所采用的站立乘客面积做对比,为公交车额定载客量的核定提供了新思路。本章研究成果也为乘车阶段的乘客满意度、公交舒适性评价提供了量化依据。

第 7 章/Chapter 7

结　论

7.1 主要结论

快速公交服务水平量化分级是基于特定的分级指标将快速公交服务水平划分为若干等级的方法,包括评价指标、等级数目、分级临界值。本书选取到站时间、等车时间、公交车运行速度、延误、站立乘客面积等作为服务水平评价指标。本书探讨了如何基于乘客感知研究服务水平等级数目问题,并研究了快速公交服务水平等级数目的建议值。本书探讨了分级临界值的研究方法,并确定了快速公交的分级临界值,从而建立了快速公交的服务水平量化分级。本书的主要研究成果包括以下几个方面:

(1) 基于乘客感知的服务水平等级数目研究方法

为了使得服务水平等级数目的确定依赖于乘客对公交的全面的感受,将乘客感知定义为包含感知到站时间、感知等车时间、公交车速度感知、车内拥挤度感知、感知离站时间及总体感知的六维指标。考虑到服务水平划分的分类特性及乘客感知的主观性和不确定性,提出采用模糊 C 均值聚类研究服务水平等级数目问题,并将聚类领域中有效性分析的思路应用于最佳服务水平等级数目的确定。

(2) 快速公交服务水平等级数目建议值

采用自主开发的基于智能手机的公交乘客出行调查系统,在广州、常州、宜昌进行了快速公交乘客出行调查。基于调查所获数据,采用提出的服务水平等级数目研究方法,选取 CH、D、PC、PE、FS、XB、PB 这 7 个有效性指标进行聚类效果评价。研究表明:符合乘客感知需求的快速公交服务水平等级数目(即乘客能够感知的最佳服务水平等级数目)为 2、3、4。

(3) 分级临界值研究方法

提出了服务水平模糊分级的概念,即松弛了相邻服务水平等级之间的边界;相邻等级之间有重叠且重叠区间的评价指标以不同的隶属度属于相邻等级的服务水平分级。提出了"分类评价指标、构建隶属度矩阵、绘制隶属函数图"的服务水平模糊分级方法。

对因子评点法的原理进行分析,提出基于评价指标频次分析及各级服务水平期望概率的改进因子评点法。

(4) 快速公交的服务水平量化分级

基于快速公交乘客出行调查所获数据,采用提出的服务水平模糊分级方法确定评价指标的分级临界值,建立了快速公交到站时间、等车时间、公交车速度的服务水平模糊分级。

提出单位公交专用道延误的概念,并以其作为评价指标,结合既有的上游停靠站延误估算模型获取了延误样本,然后采用改进因子评点法确定延误的分级临界值,建立了快速公交专用道延误的服务水平分级。

采用有序 Logistic 回归建立了乘客满意度与站立乘客面积的模型,通过对所建模型的图形化分析,提出临界站立乘客面积(即保证乘客满意的最小站立乘客面积)的建议值为 $0.25\ m^2$/人。

(5) 公交乘客出行调查系统

开发了基于智能手机的公交乘客出行调查系统,该系统包括数据采集模块、数据存储模块、数据查询模块、数据分析模块、通讯模块,可采集乘客社会经济属性、出行时刻指标、出行时间指标、乘客感知指标,实现了对实时出行信息的采集。

7.2 主要创新点

(1) 提出公交服务水平量化分级研究的方法论

目前国内外对于公交服务水平量化分级的研究不深入,我国尚没有对这一问题进行专门探讨,只是在研究公交服务质量及可靠性评价时略有涉及。本书对评价指标、等级数目、分级临界值展开研究,探明了公交领域服务水平量化分级研究的理论框架,提出了一套系统的研究公交服务水平量化分级的方法论,包括基于乘客感知的服务水平等级数目研究方法、服务水平模糊分级方法、改进因子评点法、基于有序 Logistic 回归的临界值确定方法。

(2) 建立快速公交服务水平量化分级

公交服务水平量化分级是指导公交规划设计、评价公交运营状况的重要依据,我国尚缺乏适合我国交通环境的公交服务水平量化分级。本书采用所提出的公交服务水平量化分级研究方法论,确定了评价指标的分级临界值,建立了快速公交到站时间、等车时间、公交车运行速度、延误、站立乘客面积的服务水平量化分级,为快速公交的规划、设计、评价提供指导工具。

(3) 揭示符合乘客感知需求的快速公交服务水平等级数目

HCM 根据交通专家的判断定义了 6 个服务水平等级,在现有其他交通设施(高速公路、城市道路)的服务水平分级研究中,大多根据 HCM 将等级数目指定为 6,没有对等级数目问题进行专门探讨。本书基于乘客感知对服务水平等级数目进行理论探讨,揭示了符合乘客感知需求的快速公交服务水平等级数目(即乘客能够感知的最佳服务水平等级数目)为 2、3 或 4。

(4) 提出服务水平模糊分级的概念及构建方法

目前国内外所使用的服务水平分级均为硬分级,有的硬分级由于有清晰的边界而必然存在的问题是:有的评价指标微小的变化可能引起服务水平等级的改变,而有的评价指标较大的变化可能却没有引起服务水平等级的改变。本书提出了服务水平模糊分级的概念及构建方法,建立了快速公交服务水平模糊分级。模糊分级消除了清晰的边界,借助隶属度评价指标被亦此亦彼地分级;模糊分级通过隶属度来体现评价指标属于相邻服务水平等级的程度,评价指标变化引起的服务水平变化通过隶属度改变得以体现,从而有效地克服了硬分级存在的问题。

参考文献

[1] Transportation Research Board of the National Academies. TCRP Report 100：Transit Capacity and Quality of Service Manual，2nd Edition [R]. Transportation Research Board，Washington D C，2003.

[2] Transportation Research Board of the National Academies. TCRP Report 165：Transit Capacity and Quality of Service Manual，3rd Edition [R]. Transportation Research Board，Washington D C，2013.

[3] Transportation Research Board of the National Academies. Highway Capacity Manual [R]. Transportation Research Board，Washington D C，2000.

[4] Transportation Research Board of the National Academies. Highway Capacity Manual [R]. Transportation Research Board，Washington D C，2010.

[5] 张亚平，裴玉龙，周刚. 珠江三角洲地区城际道路服务水平评估研究[J]. 公路交通科技，2003，20(3)：108-112.

[6] 吴娇蓉，叶建红，陈小鸿. 大型活动场馆参观人流服务水平分级研究[J]. 同济大学学报(自然科学版)，2007，35(6)：850-855.

[7] 徐林，杨孝宽，艾树波，等. 北京市城市道路服务水平分级研究[J]. 交通与运输(学术版)，2008，(1)：43-45.

[8] 董晓婷. 北京市快速路服务水平分级与评价方法的研究[D]. 北京：北京交通大学，2009.

[9] 李庆印，孙锋. 环形交叉口评价指标选取及服务水平分级[J]. 公路交通科技，2011，28(8)：131-135.

[10] 王久亮. 城市轨道交通车站设施设备服务水平分级与能力计算方法研究[D]. 北京：北京交通大学，2011.

[11] 李洪旭. 城市轨道交通车站设施设备与整体服务水平分级研究[D]. 北京：北京交通大学，2013.

[12] 王伟涛. 城市轨道交通车站行人设施服务水平及通行能力研究[D]. 北京：北京交通大学，2014.

[13] Roess R P, Vandehey M A, Kittelson W. Level of Service: 2010 and Beyond [J]. Transportation Research Record: Journal of the Transportation Research Board, 2010, 2173: 20-27.

[14] Choocharukul K, Sinha K C, Mannering F L. User Perceptions and Engineering Definitions of Highway Level of Service: an Exploratory Statistical Comparison [J]. Transportation Research Part A: Policy and Practice, 2004, 38(9/10): 677-689.

[15] Washburn S S, Kirschner D S. Rural Freeway Level of Service based on Traveler Perception [J]. Transportation Research Record: Journal of the Transportation Research Board, 2006, 1988(1): 31-37.

[16] Zhang L, Prevedouros P D. User Perceptions of Signalised Intersection Level of Service Using Fuzzy Logic [J]. Transportmetrica, 2011, 7(4): 279-296.

[17] Cheng Y H, Liu K C. Evaluating Bicycle-Transit Users' Perceptions of Intermodal Inconvenience [J]. Transportation Research Part A: Policy and Practive, 2012, 46(10): 1690-1706.

[18] Kang L, Xiong Y G, Mannering F L. Statistical Analysis of Pedestrian Perceptions of Sidewalk Level of Service in the Presence of Bicycles [J]. Transportation Research Part A: Policy and Practice, 2013, 53: 10-21.

[19] Das S, Pandit D. Importance of User Perception in Evaluating Level of

Service for Bus Transit for a Developing Country like India: a Review [J]. Transport Reviews, 2013, 33(4): 402-420.

[20] 张栋, 杨晓光, 安健, 等. 基于乘客感知的常规公交服务质量评价方法[J]. 城市交通, 2012, 10(4): 72-78.

[21] 安健, 杨晓光, 刘好德, 等. 基于乘客感知的公交服务可靠性测度模型[J]. 系统仿真学报, 2012, 24(5): 1092-1097.

[22] 杨熙宇, 暨育雄, 张红军. 基于感知的公交调度发车频率和车型优化模型[J]. 同济大学学报(自然科学版), 2015, 43(11): 1684-1688.

[23] 广州市现代快速公交和可持续交通研究所. 中国及世界各地的 BRT (快速公交)系统信息[DB/OL]. [2016-1-15]. http://www.itdp-china.org/brt/home/

[24] Transportation Research Board of the National Academies. NCHRP Report 616: Multimodal Level of Service Analysis for Urban Streets [R]. Transportation Research Board, Washington D C, 2008.

[25] Das S, Pandit D. Methodology to Determine Level of Service for Bus Transit in a Developing Country like India [C]. Presented at 13th International Conference on Computers in Urban Planning and Urban Management, Utrecht Netherlands, 2013.

[26] Das S, Pandit D. Determination of Level-of-Service Scale Values for Quantitative Bus Transit Service Attributes based on User Perception [J]. Transportmetrica A: Transport Science, 2015, 11(1): 1-21.

[27] 魏华. 城市公交服务质量与可靠性评价研究[D]. 西安: 长安大学, 2005.

[28] 高桂凤, 魏华, 严宝杰. 城市公交服务质量可靠性评价研究[J]. 武汉理工大学学报(交通科学与工程版), 2007, 31(1): 140-143.

[29] 张长春, 朱学勤, 戴帅. 基于 ADC 模型的城市公交系统服务可靠性评价[J]. 交通科技与经济, 2009, (1): 56-58.

[30] 陈柳. 常规公交服务质量评价指标及对策研究：以重庆市主城区为例[D]. 重庆：重庆交通大学，2012.

[31] 黄婷，焦海贤，李秀丽，等. 基于乘客观点的公交服务质量评价体系及方法研究[J]. 重庆交通大学学报（自然科学版），2008，27（5）：781－784.

[32] 王田田. 面向乘客需求的高品质快速公交服务质量评价方法研究[D]. 济南：山东大学，2011.

[33] 霍月英. 公交专用道服务水平评估方法研究[D]. 南京：东南大学，2014.

[34] Huo Y Y, Zhao J H, Zhang J, Qiu F. Development of Level-of-Service Criteria based on a Single Measure for BRT in China [J]. Journal of Public Transportation，2015，18(2)：20－33.

[35] Bhuyan P K, Rao K V K. FCM Clustering using GPS Data for Defining Level of Service Criteria of Urban Streets in Indian Context [J]. Transport Problems，2010，5(4)：105－113.

[36] Mohapatra S S, Bhuyan P K, Rao K V K. Genetic Algorithm Fuzzy Clustering Using GPS Data for Defining Level of Service Criteria of Urban Streets [J]. European Transport，2012，49(52)：1－19.

[37] Sahani R, Bhuyan P K. Level of Service Criteria of off-street Pedestrian Facilities in Indian Context using Affinity Propagation Clustering [J]. Procedia-Social and Behavioral Sciences，2013，104：718－727.

[38] Das A K, Bhuyan P K. Level of Service Criteria of Urban Streets using Clustering Large Application (CLARA) [J]. Advances in Transportation Studies，2014(32)：75－88.

[39] Bhuyan P K, Mohapatra S S. Affinity Propagation Clustering in Defining Level of Service Criteria of Urban Streets [J]. Transport，2014，29(4)：401－411.

[40] Semeida A M. New Models to Evaluate the Level of Service and Capacity for Rural Multi-Lane Highways in Egypt [J]. Alexandria Engineering Journal, 2013, 52(3): 455-466.

[41] Cameron R. An Expanded LOS Gradation System [J]. ITE Journal, 1996, 66(1): 40-41.

[42] Maitra B, Sikdar P K, Dhingra S L. Modeling Congestion on Urban Roads and Assessing Level of Service [J]. Journal of Transportation Engineering, 1999, 125(6): 508-514.

[43] Brilon W. Traffic Flow Analysis beyond Traditional Methods [C]. Presented at 4th International Symposium on Highway Capacity, Maui, Hawaii, 2000.

[44] Pécheux K K, Pietrucha M T, Jovanis P P. User Perception of Level of Service at Signalized Intersections: Methodological Issues [C]. Presented at 4th International Symposium on Highway Capacity, Maui, Hawaii, 2000.

[45] Fang F C, Pécheux K K. Analysis of User Perception of Level of Service Using Fuzzy Data Mining Technique [C]. Presented at 86th Annual Meeting of Transportation Research Board, Washington D C USA, 2007.

[46] 曹守华, 袁振洲, 张驰清, 等. 基于乘客感知的城市轨道交通通道服务水平划分[J]. 交通运输系统工程与信息, 2009, 9(2): 99-104.

[47] 钟连德, 孙小端, 贺玉龙, 等. 高速公路安全服务水平量化分级浅析[J]. 公路, 2008, (10): 137-140.

[48] 孙明玲, 孙小端, 贺玉龙. 公路三支无信号交叉口安全服务水平量化分级及应用[J]. 道路交通与安全, 2010, 10(2): 61-64.

[49] 张杰, 孙小端, 贺玉龙, 等. 高速公路安全服务水平分级量化研究[J]. 公路, 2011(9): 155-159.

[50] 李明星. 高速公路交通安全服务水平评价研究[D]. 北京：北京交通大学, 2010.

[51] 李梅. 高速公路安全服务水平分级方法研究[D]. 哈尔滨：哈尔滨工业大学, 2011.

[52] 刘江. 基于加速度干扰的双车道公路服务水平量化研究[J]. 土木工程学报, 2012, 45(10)：169-174.

[53] 钱大琳, 张敏敏, 赵伟涛. 行人服务水平评价的半定量方法[J]. 华南理工大学学报（自然科学版）, 2012, 40(7)：33-40.

[54] Obelheiro M R, Cybis H B B, Ribeiro J L D. Level of Service Method for Brazilian Toll Plazas [J]. Procedia-Social and Behavioral Sciences, 2011, 16：120-130.

[55] 陈亦新, 贺玉龙, 孙小端, 等. 基于聚类分析的多指标人行步道服务水平评价方法[J]. 北京工业大学学报, 2014, 40(4)：549-554.

[56] Levinson H S, Zimmeerman S, Clinger J, et al. TCRP Report 90：Bus Rapid Transit Volume 2：Implementation Guidelines [R]. Transportation Research Board, Washington D C, 2003.

[57] Cervero R, Kang C D. Bus Rapid Transit Impacts on Land Uses and Land Values in Seoul, Korea[J]. Transport Policy, 2011, 18：102-116.

[58] 税文兵. 快速公交专用道通行能力研究：以昆明快速公交专用道为例[D]. 昆明：昆明理工大学, 2007.

[59] Diaz R B, Chang M, Darido G, et al. Charaeteristic of Bus Rapid Transit for Decision-Making [R]. Booz-Allen and Hamilton Inc, Virginia, 2004.

[60] Pécheux K K, Pietrucha M T, Jovanis P P. User Perception of Level of Service at Signalized Intersections [C]. Presented at 79th Annual Meeting of the Transportation Research Board, Washington DC

USA, 2000.

[61] Fang F C, Elefteriadou L, Pecheux K K, et al. Using Fuzzy Clustering of User Perception to Define Levels of Service at Signalized Intersections [J]. Journal of Transportation Engineering, 2003, 129 (6): 657-663.

[62] Fang F C, Pecheux K K. Fuzzy Data Mining Approach for Quantifying Signalized Intersection Level of Services Based on User Perceptions [J]. Journal of Transportation Engineering, 2009, 135(6): 349-358.

[63] Zhang J H, Liu Y Q, Infield D, et al. Optimal Power Dispatch within Wind Farm Based on Two Approaches to Wind Turbine Classification [J]. Renewable Energy, 2017, 102: 487-501.

[64] Kim B, Lee H, Kang P. Integrating Cluster Validity Indices Based on Data Envelopment Analysis [J]. Applied Soft Computing, 2018, 64: 94-108.

[65] Askari S, Montazerin N, Zarandi M H F. Generalized Possibilistic Fuzzy C-Means with Novel Cluster Validity Indices for Clustering Noisy Data [J]. Applied Soft Computing, 2017, 53: 262-283.

[66] 王颖洁, 白凤波, 王金慧. 关于模糊C-均值(FCM)聚类算法的改进[J]. 大连大学学报, 2010, 31(6): 1-4.

[67] 安良, 胡勇, 胡良梅, 等. 一种改进的模糊C-均值(FCM)聚类算法[J]. 合肥工业大学学报(自然科学版), 2003, 26(3): 354-358.

[68] 宁绍芬. 基于FCM聚类的算法改进[D]. 青岛: 中国海洋大学, 2007.

[69] 姜伦, 丁华福. 关于模糊C-均值(FCM)聚类算法的改进[J]. 计算机与数字工程, 2010, 38(2): 4-6.

[70] 周开乐. 模糊C均值聚类及其有效性检验与应用研究[D]. 合肥: 合肥工业大学, 2014.

[71] Zhao Q P, Fränti P. WB-index: A Sum-of-Squares Based Index for

Cluster Validity[J]. Data & Knowledge Engineering, 2014, 92: 77-89.

[72] Kim D W, Lee K H, Lee D. Fuzzy Cluster Validation Index Based on Inter-Cluster Proximity[J]. Pattern Recognition Letters, 2003, 24(15): 2561-2574.

[73] Pakhira M K, Bandyopadhyay S, Maulik U. Validity Index for Crisp and Fuzzy Clusters[J]. Pattern Recognition, 2004, 37(3): 487-501.

[74] 邹岚,陈学武,陆涛. 基于快速公交系统不同配置的潜在客流分析[J]. 东南大学学报(自然科学版),2014,44(6):1299-1303.

[75] 温惠英,卢德佑,吴亚平,等. 改进模糊聚类方法的物流园交通小区划分[J]. 哈尔滨工业大学学报,2018,50(3):103-108.

[76] 陈丽敏. 公车专用道服务水平及服务流量研究[D]. 台北:台湾大学,1999.

[77] 王炜,过秀成,等. 交通工程学[M]. 2版. 南京:东南大学出版社,2011.

[78] 武钧,霍月英. 可超车条件下公交车站点延误估算模型研究[J]. 武汉理工大学学报(交通科学与工程版),2014,38(3):534-538.

[79] 中华人民共和国建设部. 建设部关于印发城市建设系统指标解释的通知(建综〔2001〕255号)[Z]. 2001.

[80] 中华人民共和国国家质量监督检验检疫总局,中国国家标准化管理委员会. 客车装载质量计算方法:GB/T 12428—2005[S]. 北京:中国标准出版社,2005.

[81] 中华人民共和国国家质量监督检验检疫总局,中国国家标准化管理委员会. 机动车运行安全技术条件:GB 7258—2017[S]. 北京:中国标准出版社,2017.

[82] 张鑫. 考虑舒适度的公交线网优化设计[D]. 广州:华南理工大学,2018.

[83] 吴奇兵. 城市轨道交通车厢合理立席密度的研究[D]. 北京：北京交通大学，2015.

[84] Hosmer D W, Lemeshow S. Applied Logistic Regression[M]. Hoboken, NJ, USA: John Wiley & Sons, Inc., 2000.